全盲生好好玩數學：
模組教學手冊

張千惠 林福來 謝佳叡——著

五南圖書出版公司 印行

緣 起

　　作爲特殊教育研究者，我們有義務要肩負起協助特殊學生數學教育的社會責任，數學教育的受教學群當然包含大眾的一般生以及小眾的學生，例如：先天全盲學生。在國內數學教育中，雖然有學生於國際上的表現傑出，但數學程度相對較落後的學生比例高於世界平均，因此國內教育學者非常憂心現行以輔導升學爲主的數學教學模式，有扼殺學生的學習興趣及增加挫折感之現象，更何況先天全盲學生呢？

　　有鑒於許多一般生之數學概念的落後，教育部國民及學前教育署亦開始重視此議題，近年來委託國立臺灣師範大學數學系林福來教授（2014）帶領中小學教師發展「數學奠基活動」教學模組。並由林教授主持國立臺灣師範大學數學教育中心，來承辦「就是要學好數學（JUST DO MATH）」計畫。數學奠基活動模組理念的開始，是由於福來教授發現國內數學教育常使學生太快進入計算的階段以回答問題，然而其實教導概念才是較爲重要的，目前多數學生缺少了將概念具體化的過程，變成只是背算式、套公式而已。因此，爲了幫助學生在學習數學之前能先建立具體概念，進一步提升其學習動機，並對數學概念有更深入的了解，福來教授發起以遊戲方式爲本的數學奠基活動模組之設計。

由於其模組之操作方式乃針對明眼學生，盲生無法直接使用，故本研究計畫目的，在於研發適合盲生學習數學之遊戲式數學活動模組，主要任務為：如何設計及運用遊戲式數學活動模組，讓先天全盲學生透過觸覺及聽覺等其他優勢能力建立數學概念。有別於以往之直接教學，研究者欲換個方式，以遊戲式數學活動模組引起先天全盲學生學習動機與自信心，進而更有效習得概念並能夠具體化，真正提升學習成效。

　　上述所提一般生之遊戲式數學活動模組的發展已有 5 年，但卻仍無與先天全盲學生遊戲式數學活動模組相關之研究。因此，本研究擬用遊戲式數學活動模組提升學生數學概念，發掘先天全盲學生學習數學的特殊性，研發遊戲式數學活動模組以符合先天全盲學生的特殊學習需求，奠定與擴充先天全盲學生未來學習數理相關科目之基礎。

國立臺灣師範大學特殊教育學系

張千惠　副教授

國立臺灣師範大學數學教育系

林福來　榮譽教授

中華民國 109 年 5 月 1 日

數與量

目錄

幾何

數與量

單元一 誰來跟我比大小（國小中年級）

改編者：張詠純、王雅雯、葉苂、陳明宗、張千惠

參考來源：黃敏晃、呂玉英、楊美伶、孫德蘭（2017）。**數字變變變**。教育部國民及學前教育署；數學活動師培訓研習工作坊第一期，國立臺灣師範大學數學教育中心。

壹 活動器材

教具	照片	說明
點字數字卡	**3** 數字卡	1. 本模組共2套，共20張。 2. 每套數字卡為0-9數字。
止滑墊		1. 本模組共2入。 2. 提供學生擺放數字卡。

教具	照片	說明
小方塊		1. 本模組共 1 袋。 2. 作爲模組教學過程中計分使用，教學者亦可替換爲其他物品。
小杯子		1. 本模組共 2 入。 2. 作爲模組計分時供學生放置小方塊。
塑膠盒		1. 本模組共 2 入。 2. 提供學生在遊戲活動過程中放置數字卡。
比大小的籤		1. 本模組1套，共2入。 2. 「大」籤和「小」籤各 1 入。

教具	照片	說明
籤筒		1. 本套模組共 1 入。 2. 與籤一併使用。
雙視點字 學習回饋單		題目內容細節參考本 單元第肆、伍小節。

貳　**活動說明**

一、單元主題說明

　　（一）透過操作數字卡，發展「位值」概念，以利相關正式
　　　　　課程之進行。

　　（二）活動適用於「四位數的大小比較」正式課程之前。

　　（三）適用年級：國小中年級。

二、活動目標與核心概念（學習表現）

　　（一）**活動目標**：位值概念之建立，並能進行四位數大小
　　　　　比較。

（二）**核心概念（學習表現）：**

n-II-1 理解一億以內數的位值結構，並據以作為各種運算與估算之基礎。

 活動流程

一、先備活動

（一）**進行分組：**2個人一組，互為對手。

（二）**教具發放與確認：**

1. 點字數字卡，1組共20張。

2. 止滑墊，1人1個。

3. 小方塊，1組1袋。

4. 小杯子，1人1個。

5. 點字學習回饋單，1人1張。

（三）**引起動機／先備概念建立：**

1. 簡要介紹遊戲。

2. 協助學生複習數量與位值概念。

二、數學遊戲

（一）**遊戲規則說明：**

1. 一回合2局，共2回合。

2. 以抽「比大小」的籤，來決定該回合2局要「比大」或「比小」（第一次代表第一局；第二次代表第二局）。

3. 將所有數字卡洗牌後，隨機平分給二位學生。

4. 每局學生須於止滑墊上排出四位數字，並在排完數字後，喊「誰來跟我比大小」表示確定，學生就不能再更動數字。

5. 待學生皆喊出「誰來跟我比大小」後，學生輪流說出所排出的數值，例如：「七千六百二十三」。若該學生只單純說出數字「七六二三」，則由其他學生額外得分（註：得分與計分可使用本模組之小方塊）。

   每局由最符合規則（比最大或比最小）的人得分。若二位學生排出相同數字時，則由較快喊出「誰來跟我比大小」者得分（得一小方塊），但若同時喊出，則學生皆可得分。須注意：排出數字應符合規定位數，否則該學生該局不列入計分。

6. 一回合內使用過的數字卡不再使用。每開始一新回合，須重新洗牌和發牌。

7. 得分越高者（獲得最多小方塊者）獲勝。

（二）**實際操作遊戲：**

   1. 讓學生試玩一回合，確定學生了解規則，但試玩回合不計輸贏。

   2. 開始遊戲，由一位學生或教師負責洗牌和發牌。

【第一回合、第一局】

(1) 洗牌後，每人隨機拿到相同數量的數字卡。

(2) 學生皆拿到牌卡後，由任一名學生抽籤，決定此局排出的數字「比大」或「比小」。

(3) 學生以自己所拿到的牌在止滑墊上排出數字，並盡可能排出最大或最小的四位數值（依據該局抽到的籤為「大」或「小」）。

(4) 待二位學生皆排完數字並喊出「誰來跟我比大小」後，學生輪流說出所排的數字，例如：「七千六百二十三」，若該學生只單純說出數字「七六二三」，則由其他學生額外得分。

(5) 最符合規則（比大或比小）的學生得分，若有平手情況，則由先喊出「誰來跟我比大小」者得分，若二位學生喊出速度相同，則二位學生皆得分。

(6) 若排出不合規定的數字位數者，該局不列入計分。

(7) 第一局用過之數字卡放置一旁，不再使用。

【第一回合、第二局】

(1) 由第一局得最高分者（得最多小方塊者）再次抽籤決定第二局的數字排列「比大」或「比小」。

(2) 依據位值與規則進行數字比大小，遊戲規則如同

第一局方式進行。

(3) 計算學生的小方塊數量，以最多者爲勝。集合所有的數字卡，再重新洗牌、抽牌並發牌。

3. 可視學生狀況調整遊戲進行方式、規則（例如：排四位數改爲排二位或三位數字等）與遊戲回合數。

4. 最後結算各學生之得分，得分越高者爲獲勝。

三、遊戲討論

（一）小組討論：

實際操作遊戲後，小組討論學習單問題。

（二）全班共同討論：

教學者帶領學生進行討論，可聚焦學習單的討論問題。

（三）師生共同歸納：

1. 先比較所有之數字卡，找出最大的數排在千位，再依序找出第二大、第三大和第四大的數字卡，分別放在百位、十位和個位，以排出最大四位數。

2. 先比較所有之數字卡，找出最小的數排在千位，再依序找出第二小、第三小和第四小的數字卡，分別放在百位、十位和個位，以排出最小四位數。但須切記排四位數時，0 不能放在千位。

3. 最大四位數的比較要從千位數開始比（幾個千），再依序比百位、十位和個位。

4. 最小四位數的比較要從千位數開始比（幾個千），
再依序比百位、十位和個位。

5. 若將 0 擺在千位，則表示有 0 個千，此數字並不是
四位數而是三位數。

6. 將 0 放在百位會讓數值變得小。若要排較小的四位
數，須在千位、百位、十位、個位，擺放最小、第
二小、第三小和第四小的數字，而 0 不能放在千位，
故 0 放在百位會讓數值變得小。

肆 明眼文字學習回饋單

誰來跟我比大小
學習單電子檔

一、依學生能力能力狀況，由教師或學生
　　記錄每一局的數字。

	試玩回合	第一回合		第二回合	
	第一局	第一局	第二局	第一局	第二局
比大/比小					
學生一					
學生二					

二、**學習單問題**

1. 如何排出最大的四位數？

2. 如何排出最小的四位數？

3. 如何知道自己排的四位數是最大的？

4. 如何知道自己排的四位數是最小的？

5. 爲什麼在比較四位數的大小中，「0」不能擺在千位？

6. 在比較四位數的大小中，把「0」排在哪個位置，四位數數值會變得小？爲什麼？

三、牛刀小試（I）

1. （　　　）在千位爲 3000，表示有（　　　）個 1000

2. 3 在個位爲（　　　），表示有 3 個（　　　）

3. 3 在十位爲（　　　），表示有 3 個（　　　）

4. 3 在百位爲（　　　），表示有 3 個（　　　）

5. 3 在千位爲（　　　），表示有 3 個（　　　）

6. 承上題，今天有 0、1、2、3 共 4 張數字卡，當「3」在哪個位置上，它的數值最大？爲什麼？

7. 承上題，今天有 0、1、2、3 共 4 張數字卡，當「3」在哪個位置上，它的數值最小？爲什麼？

四、牛刀小試（Ⅱ）

1. 有 2、3、5、6 共 4 張數字卡，排出最大的四位數是多少？最小的四位數是多少？

2. 有 5 張數字卡分別是 1、5、8、0、9，請問最大的四位數和最小的四位數分別是多少？

3. 有 0 到 9 共 10 張數字卡，排出最大的四位數是多少？最小的四位數是多少？

五、我要挑戰

請用 1 到 8 共 8 張數字卡排 2 個四位數，使它們的差最大，請寫出完整算式。為什麼？

六、我們玩過「誰來跟我比大小」的遊戲，度過了快樂的時
　　光，現在請你（妳）用心想一想，「誰來跟我比大小」
　　帶給你（妳）的感覺是什麼？你（妳）學了些什麼？請
　　用自己的話寫下來。

1. 我的感覺是：

2. 我覺得最有趣的是：

3. 我還想要知道的是：

4. 我覺得這個遊戲哪裡可以更好：

點字學習回饋單

　　　　　　⠊⠂⠗⠼⠁⠄⠇⠥⠄⠒⠐⠪⠄⠙⠪⠄⠑⠭⠁
　　　　　　⠱⠂⠄⠑⠄�217⠸⠄⠇⠸⠄⠈⠳⠄

　⠱⠄⠄⠑⠭⠐⠓⠂⠁⠋⠐⠍⠿⠄

⠼⠴⠄ ⠅⠐⠓⠥⠄⠍⠪⠁⠏⠪⠁⠃⠂⠄⠓⠸⠐⠙⠪⠄⠙⠪⠁⠑⠱⠄⠈⠂⠊⠁⠤⠖

⠼⠿⠄ ⠅⠐⠓⠥⠄⠍⠪⠁⠏⠪⠁⠃⠂⠄⠓⠸⠄⠑⠭⠐⠙⠪⠄⠑⠱⠄⠈⠂⠊⠁⠤⠖

⠼⠿⠄ ⠝⠄⠐⠓⠥⠄⠍⠪⠁⠁⠱⠄⠙⠝⠁⠝⠄⠏⠪⠄⠙⠪⠁⠑⠱⠄⠈⠂⠊⠁⠂⠊⠁⠱⠄⠈⠄
⠙⠪⠁⠄⠙⠪⠁⠖

⠼⠿⠄ ⠝⠄⠐⠓⠥⠄⠍⠪⠁⠁⠱⠄⠙⠝⠁⠝⠄⠏⠪⠄⠙⠪⠁⠑⠱⠄⠈⠂⠊⠁⠂⠊⠁⠱⠄⠈⠄
⠑⠭⠐⠙⠪⠁⠖

⠼⠿⠄ ⠈⠁⠊⠂⠍⠪⠄⠓⠸⠂⠪⠄⠄⠅⠈⠄⠑⠱⠄⠈⠂⠊⠁⠄⠙⠪⠄⠙⠪⠁⠑⠭⠁⠍⠃⠂⠂
⠢⠄ ⠼⠳⠒⠂ ⠪⠄⠐⠝⠒⠂⠪⠇⠐⠓⠸⠄⠊⠓⠂⠈⠄⠖

⠼⠿⠄ ⠓⠸⠄⠪⠄⠁⠅⠈⠄⠑⠱⠄⠈⠂⠊⠁⠄⠙⠪⠄⠙⠪⠁⠑⠭⠐⠈⠆⠂⠪⠃⠂⠒⠂ ⠼⠿⠄
⠢⠒ ⠏⠸⠄⠓⠸⠄⠐⠝⠃⠄⠐⠅⠂⠈⠄⠁⠱⠁⠒⠄⠑⠱⠄⠈⠂⠊⠁⠂⠊⠁⠂⠁⠱⠂⠄⠗⠸⠄⠕⠒⠄⠙⠐
⠆⠄⠑⠭⠁⠄ ⠈⠁⠊⠂⠍⠪⠄⠖

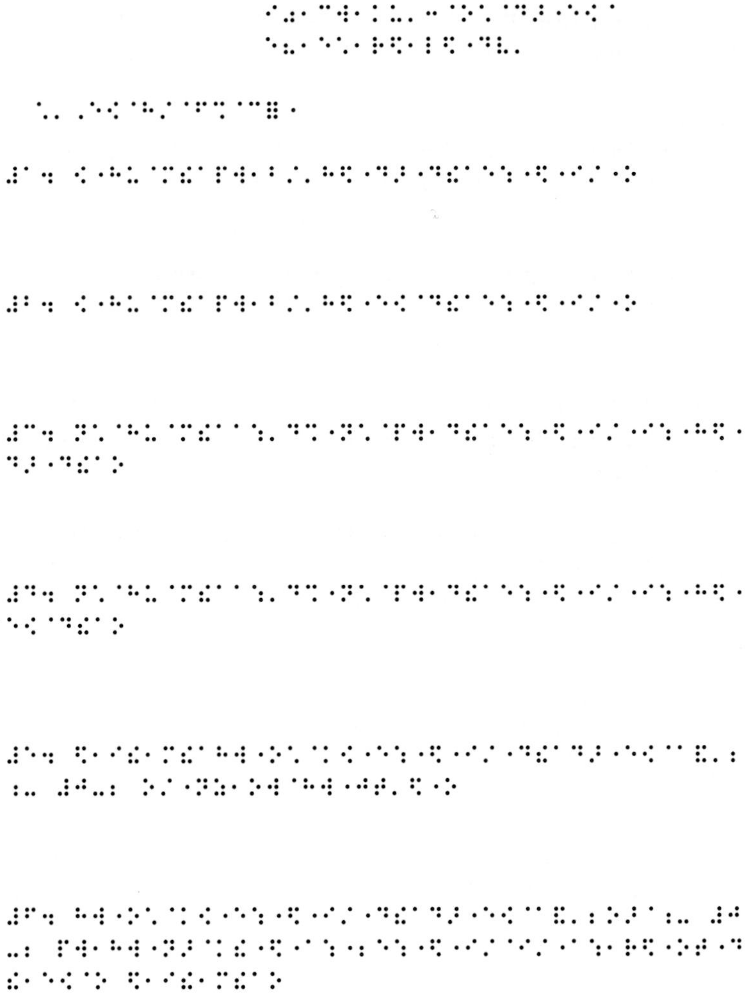

⠻⠂⠄⠄⠍⠍⠍⠹⠚⠹⠍⠣⠴⠁⠍⠍⠱⠄⠴⠄⠍⠹⠄⠍⠅⠑⠸⠄⠆⠀⠍⠱
⠎⠱⠴⠐⠺⠹⠄⠇⠄⠄⠍⠵⠴⠇⠀⠍⠵⠄⠍⠹⠄⠈⠎⠱⠄⠐⠈⠵⠄⠗⠄⠢⠣⠹⠣⠸⠄⠴
⠸⠄⠈⠑⠹⠄⠑⠄⠈⠑⠄⠢⠄⠆⠀⠵⠚⠹⠍⠍⠍⠄⠴⠁⠍⠍⠱⠄⠴⠄⠍⠹⠄⠍⠅⠑⠸⠄⠆⠀⠍⠃
⠄⠅⠵⠐⠝⠄⠈⠐⠝⠄⠴⠀⠍⠱⠁⠇⠇⠈⠑⠚⠄⠱⠄⠢⠄⠣⠄⠍⠹⠚⠝⠄⠌⠀⠝⠄⠈⠐⠝⠄
⠈⠕⠢⠱⠄⠍⠹⠁⠢⠄⠱⠄⠣⠁⠍⠹⠌⠀⠢⠚⠄⠢⠄⠓⠱⠄⠁⠈⠄⠈⠍⠹⠁⠗⠄⠴⠄⠢⠄⠍⠹⠄
⠍⠹⠄⠄

⠼⠙⠄⠀⠄⠈⠍⠹⠁⠇⠈⠇⠈⠑⠁⠣⠱⠄⠄⠄

⠼⠃⠄⠀⠄⠈⠈⠑⠁⠄⠍⠹⠁⠓⠢⠄⠄⠄⠣⠣⠄⠈⠍⠹⠁⠣⠱⠄⠄⠄

⠼⠚⠄⠀⠄⠈⠍⠓⠢⠄⠑⠄⠈⠌⠄⠁⠱⠄⠐⠄⠹⠐⠄⠈⠍⠹⠁⠣⠱⠄⠄⠄

⠼⠙⠄⠀⠄⠈⠇⠁⠣⠄⠍⠹⠁⠣⠃⠄⠅⠣⠄⠱⠄⠑⠴⠄⠝⠹⠄⠈⠍⠄⠈⠇⠣⠄⠴⠄⠈⠈⠅⠹⠄⠓⠪⠄⠄⠄

附錄（一）：點字數字卡

0	1	2
數字卡	數字卡	數字卡

3 4 5

數字卡　數字卡　數字卡

6	7	8
數字卡	數字卡	數字卡

9

數字卡

單元二 加減乘除大師（國小中年級）

設計、改編者：莊詠晴、王雅雯、葉芃、陳明宗、張千惠

參考來源：自編。

壹　活動器材

教具	照片	說明
點字數字籤		1. 本套模組共2套，共24個。 2. 每套點字數字籤包含：0到10數字籤與pass籤，共12個。
點字數字卡	**3** 數字卡	1. 本套模組共2組，每組10張，共20張。 2. 每組點字數字卡包含：0到9數字卡，共10張。

教具	照片	說明
塑膠盒		本套模組共 2 入。 在遊戲過程中放置點字數字卡。
點字功能卡		本套模組共 1 入。
籤筒		本套模組共 2 入。
雙視點字 學習回饋單		題目內容細節參考本單元第肆、伍小節。

貳　活動說明

一、單元主題說明

（一）透過隨機抽出之數字複習「加、減、乘、除」的計算練習，以熟練計算技巧，以利之後相關正式課程進行。

（二）活動適用於「乘法與除法」正式課程之後。

（三）適用年級：國小中年級。

二、活動目標與核心概念（學習表現）

（一）**活動目標**：透過計算兌換遊戲卡牌的過程，複習「加減乘除」之概念。

（二）**核心概念（學習表現）**：

n-II-2　熟練較大位數之加、減、乘計算或估算，並能應用於日常解題。

n-II-3　理解除法的意義，能做計算與估算，並能應用於日常解題。

參　活動流程

一、先備活動

（一）**分組**：至少 2 人一組。

（二）**教具發放與確認**：

1.點字數字籤與籤筒，1 組 2 套。

2. 點字數字卡，1 人 1 套。

3. 塑膠盒，1 人 1 個。

4. 點字功能卡，1 組 1 套。

5. 點字學習回饋單，1 人 1 張。

（三）**引起動機 / 先備概念建立**：教師帶領學生複習加減乘除概念，可請學生利用點字數字籤抽出數字，並做加減乘除的計算示範。

二、數學遊戲

（一）**遊戲規則說明：**

【初階版規則（不加入功能卡）】

1. 至少 2 人一組，每人前方擺有數字 0 到 9 的點字數字卡。

2. 決定學生遊戲進行之順序。

3. 每一輪中，學生輪流從二套數字籤中各抽一個數字，並利用相加、相減、相乘或相除的方法，求得另一個數字（範圍在 1 到 10）。每一次只能使用加減乘除的其中一種運算，再拿取前方對應之點字數字卡。（例如：抽到 2、6 數字籤，可使用 2+6=8，蒐集數字卡 8；或 6-2=4，蒐集數字卡 4；或 6÷2=3，蒐集數字卡 3。但一次僅能使用一種運算。）

4. 若抽到 pass 籤，學生該回合則不能進行計算與點字數字卡蒐集。

5. 若缺乏運算結果對應的數字卡，則無法拿取數字卡，直接換下一學生進行遊戲。

6. 最快蒐集完 0 到 9 的數字卡的學生為贏家。

【進階版規則變化（加入功能卡）】

如果抽到二個相同的數字籤，則不必進行加減乘除運算，改抽一張功能卡，並立即執行卡片功能。

（二）**實際操作遊戲：**

1. 先讓學生進行試玩以了解規則。

2. 學生輪流抽數字籤，將抽到的結果唸給其他學生聽，並說明自己要使用的計算方式（加、減、乘、除）。（例如：抽到數字 3 與數字 5，即可說明：「我抽到 3 和 5，我要使用加法，3+5=8，我要拿 8 的數字卡。」）

3. 其他學生確認無誤後，學生便可將該數字卡收入自己的塑膠盒中。若計算錯誤，則無法蒐集數字卡。

4. 若抽取的二個數字籤在運算後找不到對應的數字卡時，學生則無法蒐集數字卡，直接換下一位學生進行遊戲。

5. 輪流進行以上遊戲步驟。

6. 最快蒐集完 0 到 9 共 10 張數字卡的學生獲勝。

三、遊戲討論

帶領學生討論並完成學習單內容。

肆 明眼文字學習回饋單

一、如果我手上有 2、4 這二個數字，可以
　　兌換 1 到 10 之間的哪些數字？是用了
　　哪些方法呢？（請列舉可用的加減乘
　　除運算，並計算出答案）

加減乘除大師
學習單電子檔

二、請將下列問題中「？」處的答案計算出來並記錄。（請
　　使用數字 1-10）

$2 \times 3 = \square$

$4 \div \square = 2$

$\square - 3 = 2$

$5 \div \square = 1$

$6 + 4 = \square$

三、請想想看這個遊戲的祕訣有什麼？

四、我們玩過「加減乘除大師」的遊戲，度過了快樂的時光，現在請你（妳）用心想一想，「加減乘除大師」帶給你（妳）的感覺是什麼？你（妳）學了些什麼？請用自己的話寫下來。

1. 我的感覺是：

2. 我覺得最有趣的是：

3. 我還想要知道的是：

4. 我覺得這個遊戲哪裡可以更好：

伍 點字學習回饋單

⠑⠝⠄⠔⠐⠍�⠐⠮⠄⠅⠝⠄⠔⠐�c⠠�h⠲⠐⠍⠲⠟⠠⠃⠈⠄⠃⠆⠄⠝⠈⠐⠊⠝⠐⠄⠆⠄⠹⠗⠠⠔⠈⠄
⠑⠝⠈⠄⠹⠷⠅⠝⠄⠐⠍⠠⠷⠇⠲⠍⠲⠐⠮⠈⠐⠊⠝⠐⠄⠩⠄⠅⠄⠆⠀⠓⠈⠄⠇⠈⠄⠓⠅⠱⠄⠙⠍⠃⠐⠃
⠐⠑⠱⠄⠇⠈⠐⠈⠄⠑⠈⠄⠔⠐⠍�⠐⠮⠄⠅⠝⠄⠔⠐⠃⠆⠄⠃⠆⠄⠹⠗⠠⠔⠈⠄⠆⠄⠹⠗⠄⠅⠷⠄
⠗⠈⠄⠭⠗⠈⠐⠄⠀⠹⠗⠄⠇⠈⠐⠃⠆⠄⠔⠐⠈⠄⠔⠷⠄⠍⠷⠐⠍⠷⠄⠀⠗⠈⠄⠭⠗⠈⠐⠄⠀⠐⠷
⠈⠐⠍⠷⠄⠵⠈⠐⠔⠷⠐⠍⠷⠄⠀⠱⠡⠄⠐⠓⠠⠄⠅⠈⠐⠈⠐⠹⠷⠃⠄⠐⠵⠈⠄⠐⠍⠷⠈⠐⠫⠤⠄
⠀⠼⠙⠄⠀⠰⠹⠷⠐⠒

⠧⠐⠑⠃⠄⠔⠐⠄⠄⠄

⠼⠙⠄⠀⠰⠐⠑⠃⠄⠹⠷⠄⠓⠩⠄⠐⠙⠈⠄⠆⠩⠄⠐⠹⠷⠐⠔⠐⠄⠄⠄

⠼⠒⠄⠀⠰⠐⠗⠩⠡⠄⠑⠐⠄⠐⠭⠈⠐⠔⠠⠄⠹⠍⠈⠄⠐⠹⠷⠐⠔⠐⠄⠄⠄

⠼⠙⠄⠀⠰⠐⠑⠃⠄⠹⠷⠐⠊⠄⠐⠫⠈⠄⠑⠈⠄⠑⠝⠄⠐⠹⠒⠄⠐⠙⠫⠐⠈⠐⠫⠈⠐⠐⠡⠄
⠗⠠⠈⠄⠄⠄

附錄（一）：點字數字卡

0	1	2
數字卡	數字卡	數字卡

3	4	5
數字卡	數字卡	數字卡

6	7	8
數字卡	數字卡	數字卡

9

數字卡

附錄（二）：點字功能卡

得到一張數字卡	失去一張數字卡	再抽一次，但計算只能使用加或減
PASS	暫停一回合	得到數字卡2
再抽一次，但計算只能使用乘或除	得到數字卡3	暫停一回合

功能卡	功能卡	功能卡
功能卡	功能卡	功能卡
功能卡	功能卡	功能卡

單元二

數字牌分數倍（國小高年級）

改編者：王雅雯、葉芃、陳明宗、呂美玲、張千惠

參考來源：蔡寶桂（2017）。**分數倍**。教育部國民及學前教育署；數學活動師培訓研習工作坊第一期，國立臺灣師範大學數學教育中心。

壹　活動器材

教具	照片	說明
點字數字卡	**3**　數字卡	1. 每套模組共有 2 組。 2. 一組包含數字 1 到 10。
圍棋		1. 每套模組共有 1 袋。 2. 一袋包含黑白棋各 10 顆。
罐子組	（附圖為四號罐子）	1. 每套模組共有 17 個。 2. 包含：二號罐子 5 個、三號罐子 3 個、四號罐子 2 個、五號罐子 2 個、六至十號罐子各 1 個。

教具	照片	說明
小方塊		1. 每套模組共 1 包。 2. 作為遊戲過程中教師給予學生的增強或計分使用。
杯子		1. 每套模組共 2 入。 2. 提供學生在參與遊戲的過程中放置教師給予的小方塊。
雙視點字學習回饋單		題目內容細節參考本單元第肆、伍小節。

貳　活動說明

一、單元主題說明

（一）以數字卡 1 至 10，進行二數的倍數比較，當不足 1 倍時，能以 1 倍的單位量做對照，判別出分數倍的語言，發展出「分數倍」之具體操作心像，以利相關正式課程之進行。

（二）活動適用於「分數乘法」正式課程之前。

（三）適用年級：國小高年級

二、活動目標與核心概念（學習表現）

（一）**活動目標：** 透過教具操作掌握二個整數量之倍數關係。

（二）**核心概念（學習表現）：**

n-III-5 理解整數相除的分數表示的意義。

n-III-6 理解分數乘法和除法的意義、計算與應用。

 活動流程

一、先備活動

（一）**教具介紹：**

1. 罐子組共有九種，最小的為二號罐子組（共有 2 個罐子），最大的為十個罐子組（共有 10 個罐子）。

2. 圍棋二色各 10 顆。

3. 數字卡包含數字 1 到 10（共 2 組）。

4. 計分使用的小杯子和小方塊。

（二）**分組：** 2 個人一組。

（三）此遊戲分為「大欺小」（帶分數倍）和「小壓大」（真分數倍），建議先玩「大欺小」熟練之後，再進行「小壓大」。

二、遊戲規則示範及說明

（一）教師引導：

1. 每人分別從自己的牌組中抽出 1 張數字牌。

2. 二人同時開牌。

3. 當開牌的二個數字如果是整數倍關係，就請說出大的數字是小的數字的幾倍，例如：8 是 4 的 2 倍（若學生對倍數概念尚不熟悉，亦可藉由操作進行計算）。

4. 當學生開出來的 2 張牌非整數倍時，就以開出來的數字操作。

5. 教具操作：

   (1) 假設抽出 6 和 4 號牌卡，即找出「6 是 4 的多少倍？」

   (2) 拿出 6 個圍棋、四號罐子組。

   (3) 裝滿了四號罐子組之後還剩下多少顆圍棋？

      解答：裝滿一排之後還剩下 2 顆圍棋。

   (4) 剩下的圍棋在另一組四號罐子中裝了 2 顆、空了 2 顆。

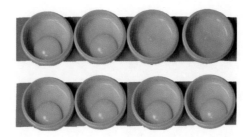

(5) 請學生試著利用罐子組說明「6 是 4 的幾倍？」

解答：一排四號罐子組可以裝 4 顆圍棋，所以 6 顆圍棋需要裝幾個盒子？（裝滿一排直接說 1 盒，未裝滿則數已裝棋子的罐子數）

即：可以裝 1 盒又「2/4 盒」，所以 6 個可以裝「1 又 2/4 盒」，所以 6 是 4 的 1 又 2/4（1/2）倍。

（二）遊戲規則（「大欺小」遊戲）

1. 二人直接攤牌後，要喊出「大數是小數的幾倍」，先喊出正確答案的學生就贏得一回合，獲得一個小方塊。

2. 贏得的牌卡放入另一個塑膠盒中，不要混入蓋牌中。

3. 直到個別的牌都抽光後，即宣布遊戲結束。

4. 遊戲最後小方塊數量最多的人就是贏家。

5. 若較不熟悉，教師可以先將牌卡數字控制在較小的範圍（例如：1 到 5）。

肆　明眼文字學習回饋單

我們玩過「數字牌分數倍」的遊戲，度過了快樂的時光，現在請你（妳）用心想一想，「數字牌分數倍」帶給你（妳）的感覺是什麼？你（妳）學了些什麼？請用自己的話寫下來。

數字牌分數倍
學習單電子檔

1. 我的感覺是：

2. 我覺得最有趣的是：

3. 我還想要知道的是：

4. 我覺得這個遊戲哪裡可以更好：

伍 點字學習回饋單

⠊⠌⠐⠓⠱⠐⠋⠺⠄⠠⠏⠥⠆⠊⠌⠐⠕⠿⠂
⠐⠑⠆⠈⠽⠄⠠⠵⠈⠕⠾⠄⠗⠵⠄⠐⠛⠇⠄

⠐⠍⠥⠏⠆⠄⠄�⠀⠂⠊⠌⠐⠓⠱⠐⠋⠺⠄⠠⠏⠥⠆⠊⠌⠐⠕⠿⠂⠤⠆ ⠑⠿⠁⠎⠐⠄⠄⠄
⠑⠌⠄⠈⠐⠗⠿⠂⠇⠃⠗⠿⠂⠑⠿⠈⠁⠍⠈⠆⠈⠇⠇⠆⠇⠑⠈⠓⠙⠄⠚⠹⠈⠝⠈⠆⠄⠄⠄
⠑⠈⠆⠈⠄⠄⠑⠈⠄⠆⠂⠆⠊⠌⠐⠓⠱⠐⠋⠺⠄⠠⠏⠥⠆⠊⠌⠐⠕⠿⠂⠤⠆ ⠑⠙⠄⠈⠡⠘⠝⠈⠭
⠝⠈⠘⠕⠀⠑⠿⠈⠧⠈⠄⠆⠈⠆⠈⠄⠂⠈⠁⠈⠑⠍⠿⠐⠝⠿⠈⠕⠀⠝⠈⠈⠽⠝⠈⠕⠀⠑⠿⠈⠈⠣⠈⠡
⠑⠆⠄⠁⠑⠈⠀⠏⠿⠄⠚⠹⠈⠆⠈⠓⠱⠈⠈⠡⠈⠄⠑⠈⠗⠣⠄⠈⠑⠆⠈⠣⠈⠃⠘⠄ ⠤

⠼⠁⠄ ⠤⠐⠑⠿⠈⠧⠈⠄⠆⠈⠁⠈⠆⠄⠤⠤

⠼⠃⠄ ⠤⠈⠐⠆⠈⠂⠑⠿⠈⠓⠱⠈⠈⠣⠈⠡⠈⠚⠹⠈⠑⠿⠈⠆⠈⠁⠈⠆⠄⠤⠤

⠼⠉⠄ ⠤⠈⠗⠱⠈⠆⠈⠄⠈⠈⠣⠈⠁⠈⠆⠂⠑⠓⠈⠑⠿⠈⠆⠈⠁⠈⠆⠄⠤⠤

⠼⠙⠄ ⠤⠈⠐⠆⠈⠂⠑⠿⠈⠂⠈⠆⠈⠈⠣⠈⠣⠈⠎⠈⠆⠈⠄⠈⠝⠃⠈⠈⠝⠈⠈⠇⠈⠆⠈⠄⠈⠈⠈⠃⠈⠈⠗⠱⠈⠤⠤

Date _____/_____/_____

單元四

數字牌整數倍（國小高年級）

改編者：王雅雯、葉芯、陳明宗、張千惠

參考來源：蔡寶桂（2013）。**整數倍**。教育部國民及學前教育署；數學活動師培訓研習工作坊第一期，國立臺灣師範大學數學教育中心。

壹 活動器材

教具	照片	說明
點字數字卡	**3** 數字卡	1. 每套模組有 5 組點字數字卡，共計 40 張。 2. 每組點字數字卡由 2 到 9 數字組成。
塑膠盒		每套模組 4 入。
雙視點字學習回饋單		題目內容細節參考本單元第肆、伍小節。

貳　活動說明

一、單元主題說明

（一）以具體數量表徵的牌為主，進行累張數、累量的倍數之活動，發展「乘法與累倍數」之先備具體心像，以利相關正式課程之進行。

（二）活動適用於「乘法」、「整數四則運算」正式課程之前。

（三）適用年級：高年級。

二、活動目標與核心概念（學習表現）

（一）**活動目標**：發展乘法倍數與步驟的操作性表徵心像。

（二）**核心概念（學習表現）**：

n-III-3　認識因數、倍數、質數、最大公因數、最小公倍數的意義、計算與應用。

參　活動流程

一、先備活動

（一）本遊戲牌組由 2 到 9 的所有數字牌組成，合計 40 張牌。

（二）每組可由 2-5 名學生進行遊戲。在領取牌卡後，每人發下 4 張，桌上掀開 4 張牌，剩餘的牌全部覆蓋擺中央。

（三）可視學生能力狀況進行調整，例如：第一次活動進行時，僅運用數字 2 到 6，減少學生活動的負擔，待學

生熟悉狀況與了解規則後，可將數字擴展為 2 到 9。

二、遊戲規則示範及說明

（一）規則說明：

1. 一次出牌的張數不限，但必須是相同數字的牌（例如：3 張 4、2 張 1）；出幾張補幾張，補到的牌須等到下一輪才可出牌，將手中的牌隨時維持在 4 張。

2. 出牌時要大聲說出自己所出的牌，先講出牌點數、再講張數，例如「5 有 2 張」。當學生熟悉上述的語言後，也可以說「5 的 2 倍」。

3. 吃牌時機：當桌面上的牌湊到與該牌之數字相同時，即可吃牌。例如：桌上有 1 張 3，手上有 2 張 3，即可喊：「我有 2 張 3，桌上有 1 張 3，共有 3 張 3。」即可將 3 張 3 放入盒中。

4. 如果無法吃牌，請隨便從手中出牌，張數不限，但必須同一個數字（例如 2 張 5），掀開放在桌上，並從牌堆裡拿回新牌，以湊足 4 張牌。

5. 當牌堆全部拿完就結束此回合，請將自己的積分用算式記錄在學習單上，當全組分數統計完後，即可再玩一局！

（二）計分方式：

1. 基礎：以張數最多者獲勝。例如：學生 A 有 13 張、學生 B 有 16 張、學生 C 有 25 張，所以學生 C 獲勝。

2. 進階：將數字分類後合計總分，分數最高者獲勝。然而此時須要求學生列出先乘再加的算式，例如：$2×6 + 3×3 + 4×4 = 37$。可搭配學習單進行。

肆 明眼文字學習回饋單

進階版計分

數字牌整數倍
學習單電子檔

一、現在請你（妳）算算看，手上有哪些牌
　　獲得了幾分？總分又是多少？

牌卡數量		列出算式	
2 號牌	有（　　　）張	2×（　　　）=（	）
3 號牌	有（　　　）張	3×（　　　）=（	）
4 號牌	有（　　　）張	4×（　　　）=（	）
5 號牌	有（　　　）張	5×（　　　）=（	）
6 號牌	有（　　　）張	6×（　　　）=（	）
7 號牌	有（　　　）張	7×（　　　）=（	）
8 號牌	有（　　　）張	8×（　　　）=（	）
9 號牌	有（　　　）張	9×（　　　）=（	）
總分：			

二、我們玩過「數字牌整數倍」的遊戲，度過了快樂的時光，
　　現在請你（妳）用心想一想，「數字牌整數倍」帶給你
　　（妳）的感覺是什麼？你（妳）學了些什麼？請用自己
　　的話寫下來。

1. 我的感覺是：

2. 我覺得最有趣的是：

3. 我還想要知道的是：

4. 我覺得這個遊戲哪裡可以更好：

伍 點字學習回饋單

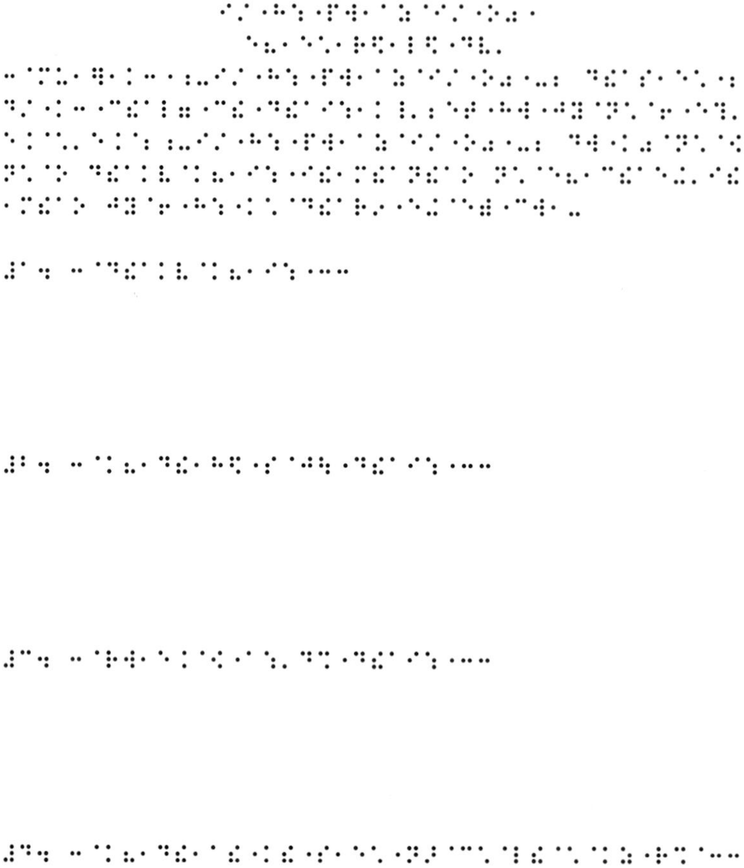

⠈⠌⠐⠮� ⠐⠏⠺⠁⠐⠹⠈⠌⠌⠄⠊⠁⠄
⠐⠫⠁⠝⠑⠈⠈⠗⠷⠉⠃⠫⠈⠙⠬⠄

⠄⠐⠍⠥⠈⠹⠱⠙⠤⠱⠝⠐⠮⠐⠏⠺⠁⠐⠹⠈⠌⠌⠤⠤ ⠙⠫⠈⠈⠄⠑⠈⠄
⠹⠈⠷⠤⠈⠉⠫⠈⠇⠿ ⠈⠉⠫⠈⠙⠫⠈⠁⠈⠱⠆⠅⠇⠆⠑⠈⠁⠨⠹⠈⠹⠝⠈⠷⠑⠈⠱⠄
⠑⠈⠈⠱⠈⠑⠈⠊⠆⠤⠈⠌⠐⠮⠐⠏⠺⠁⠐⠹⠈⠌⠌⠤⠤ ⠹⠈⠅⠈⠁⠝⠈⠷
⠝⠈⠈⠌ ⠹⠫⠈⠧⠈⠅⠁⠈⠁⠈⠁⠋⠫⠈⠏⠫⠈⠌ ⠝⠈⠈⠑⠈⠁⠈⠉⠫⠈⠑⠨⠈⠱
⠈⠍⠫⠈⠌ ⠨⠷⠄⠄⠈⠹⠈⠅⠈⠉⠈⠆⠹⠫⠈⠗⠄⠁⠈⠆⠹⠫⠈⠏⠺⠄

⠼⠁⠐ ⠤⠹⠫⠈⠧⠈⠅⠈⠁⠈⠁⠈⠱⠤⠤⠤

⠼⠃⠐ ⠤⠈⠅⠈⠁⠹⠫⠈⠑⠈⠷⠈⠱⠈⠁⠈⠑⠷⠄⠹⠫⠈⠁⠈⠱⠤⠤⠤

⠼⠉⠐ ⠤⠈⠏⠺⠁⠑⠈⠁⠈⠷⠈⠁⠆⠄⠹⠈⠄⠹⠫⠈⠁⠈⠱⠤⠤⠤

⠼⠙⠐ ⠤⠈⠅⠈⠁⠹⠫⠈⠁⠈⠁⠈⠁⠈⠱⠁⠈⠁⠈⠷⠄⠝⠃⠑⠈⠁⠈⠱⠈⠑⠈⠁⠈⠱⠈⠷⠄⠹⠈⠤⠤⠤

_____

_____

_____

_____

_____

_____

_____

_____

_____

_____

_____

_____

_____

_____

_____

數戰棋（國小高年級）

改編者：王雅雯、葉芯、陳明宗、張千惠

參考來源：胡哲瑋（2014）。**數戰棋**。教育部國民及學前教育署；數學活動師培訓研習工作坊第一期，國立臺灣師範大學數學教育中心

壹 活動器材

教具	照片	說明
百數遊戲盤		1. 每套模組共1入。 2. 以棉線做間隔，每個數字上方及下方各貼有點字膠膜，代表甲、乙方。

教具	照片	說明
棋子		1. 每套模組共有2種，每種10個棋子。 2. 一種爲長方形塑膠瓦楞材質，數字爲1到10。 3. 一種爲圓形木片，數字爲1到10。
雙視點字學習回饋單		題目內容細節參考本單元第肆、伍小節。

貳　活動說明

一、單元主題說明

（一）透過以「整除」進行移動的棋子路徑，發展「倍數」之先備具體心像，以利相關正式課程之進行。

（二）活動適用於「倍數的定義」正式課程之前。

（三）適用年級：國小高年級以上。

二、 活動目標與核心概念（學習表現）

（一）**活動目標**：透過選擇移動路徑的過程，覺察「倍數」之間的關係，發展倍數、公倍數的操作性表徵心像。

（二）**核心概念（學習表現）**：

n-III-1　理解數的十進位的位值結構，並能據以延伸認識更大與更小的數。

n-III-3　認識因數、倍數、質數、最大公因數、最小公倍數的意義、計算與應用。

參　活動流程

一、先備活動──熟悉教具

（一）教師先將遊戲盤交予學生，請學生藉由視覺與觸覺的多重感官認識棋盤、棋子。

（二）**棋盤特點**：

1.每個數字皆貼有2個點字，方向一個朝上一個朝下。

2.棋盤以棉線作為邊界。

3.每排有10個數字。共有1到100個數字。

（三）**棋子特點**：平面上方貼有點字數字，且綁有一條棉線作為定位。棋子共有二種，一為木頭圓形片，另一為塑膠方形片。

二、數字遊戲

（一）**遊戲規則說明：**

【初階版】

1. 學生兩兩一組，每組拿一張遊戲盤以及 20 個棋子，每顆棋子上各標注一個不同數字。

2. 老師隨機抽取 3 個數字的棋子，雙方皆須使用老師隨機抽取的 3 個數字的棋子。

3. 雙方學生分別將自己的 3 顆棋子依序放在棋盤上，甲方放在 1 到 10 的位置，乙方則放在 91 到 100 的位置，當作自己的領地。棋子所擺放的位置為與棋盤上個位數字相同的位置，例如：「數字 6」，甲方學生要放在棋盤的 6 上面，乙方學生要放在棋盤的 96 上面。

4. 從甲方學生開始，雙方輪流移動自己的棋子，一次往前一步，向著對方領地進攻（不能後退或橫向移動）。甲方學生的棋子必須向著乙方學生的領地（數字較大的方向）進攻，如下圖：

甲方 ｜ 甲方棋子移動方向 ↓

1	2	3	4	5	6	7	8	9	10
11	12	13	14	15	16	17	18	19	20
21	22	23	24	25	26	27	28	29	30
31	32	33	34	35	36	37	38	39	40
41	42	43	44	45	46	47	48	49	50
51	52	53	54	55	56	57	58	59	60
61	62	63	64	65	66	67	68	69	70
71	72	73	74	75	76	77	78	79	80
82	82	83	84	85	86	87	88	89	90
91	92	93	94	95	96	97	98	99	100

（上方標記：1、6、9；下方標記：1、6、9）

乙方旗子移動方向 ↑ ｜ 乙方

5. 移動規則：在向前進的橫排 10 個數字中，可以將該棋子上方數字整除的格子即為這顆棋子可移動的地方，若不整除則不可移動（如下圖，甲方學生要向乙方領地進攻，他的 6 號棋子可走的位置是能被 6 整除的 12 號格子及 18 號格子，其他格子則不能走）。

1	2	3	4	5	6	7	8	9	10
11	12	13	14	15	16	17	18	19	20

6. 吃子規則：若要前進的格子中有對方的棋子，則可將該子吃掉（例如：甲方學生可以用他的 6 號棋子吃位於 54 號格子中的乙方 9 號棋）。

7. 學生在移動 / 吃子後，對面學生可以立即檢驗該顆棋子的移動是否合乎規則，如果不合乎規則，該顆走錯的棋子立即死亡，自己被誤吃的棋子則放回原位。

8. 先將對方棋子吃完者獲勝。

9. 獲勝後，雙方交換棋子種類，進行第二次遊戲（即甲方學生改拿乙棋，從棋盤 91-100 的地方開始下；乙方學生改拿甲棋，從棋盤 1-10 的位置開始）。

【進階版】

將棋子數量從 3 個增加為 5 個，其他規則同上（若學生已相當熟練此遊戲，可再將數量上升為 8 個或 10 個）。

（二）實際操作遊戲：

1. 雙方學生將遊戲盤放在桌上，將自己的 3 顆棋子依序放在棋盤上，甲方放在 1 到 10 的位置，乙方則放在 91 到 100 的位置，當作自己的領地。

2. 甲方先依據整除規則移動自己的棋子，一次往前一步（往數字大的方向移動）。

3. 乙方檢驗甲方的移動是否合乎規則，如果不合乎規則，直接將該顆棋子移出遊戲盤。

4. 接著乙方移動自己的棋子，一次一步（往數字小的方向移動）。

5. 甲方檢驗乙方的移動是否合乎規則，如果不合乎規則，直接將該顆棋子移出遊戲盤。

6. 任何一方先將對方棋子吃完即獲得勝利。

7. 一方獲勝後，雙方交換棋子，再進行一次遊戲。

（三）**綜合活動：**

1. 第一階段（小組合作）：將空白雪花片發給學生（二個學生一小組），每小組學生依照教師的指令，分別將雪花片放在棋盤的數字上（例如：「將雪花片放在可以被 2 整除的數」、「將雪花片放在可以被 3 整除的數」等）。

2. 第二階段（連結因倍數概念）：與學生討論數字與雪花片的關係（包含因數、倍數、公因數、公倍數），並進行命名活動，先讓學生自由命名，再由教師統一命名。

肆　明眼文字學習回饋單

我們玩過「數戰棋」的遊戲，度過了快樂的時光，現在請你（妳）用心想一想，「數戰棋」帶給你（妳）的感覺是什麼？你（妳）學了些什麼？請用自己的話寫下來。

數戰棋學習單電子檔

1. 我的感覺是：

2. 我覺得最有趣的是：

3. 我還想要知道的是：

4. 我覺得這個遊戲哪裡可以更好：

伍 點字學習回饋單

⠿⠿⠿⠿⠿⠿
⠿⠿⠿⠿⠿⠿⠿⠿⠿⠿⠿⠿

⠿⠿⠿⠿⠿⠿⠿⠿⠿⠿⠿⠿⠿⠿⠿⠿⠿⠿⠿⠿⠿⠿⠿⠿⠿⠿⠿⠿⠿⠿
⠿⠿⠿⠿⠿⠿⠿⠿⠿⠿⠿⠿⠿⠿⠿⠿⠿⠿⠿⠿⠿⠿⠿⠿⠿⠿⠿⠿⠿⠿
⠿⠿⠿⠿⠿⠿⠿⠿⠿⠿⠿⠿⠿⠿⠿⠿⠿⠿⠿⠿⠿⠿⠿⠿⠿⠿⠿⠿⠿⠿
⠿⠿⠿⠿⠿⠿⠿⠿⠿⠿⠿⠿⠿⠿⠿⠿⠿⠿⠿⠿⠿⠿⠿⠿⠿⠿⠿⠿⠿⠿
⠿⠿⠿⠿⠿⠿⠿⠿⠿⠿⠿⠿⠿⠿⠿⠿⠿⠿

⠿⠿⠿⠿⠿⠿⠿⠿⠿⠿⠿⠿⠿⠿⠿⠿⠿⠿——

⠿⠿⠿⠿⠿⠿⠿⠿⠿⠿⠿⠿⠿⠿⠿⠿⠿⠿⠿⠿⠿⠿⠿——

⠿⠿⠿⠿⠿⠿⠿⠿⠿⠿⠿⠿⠿⠿⠿⠿⠿⠿⠿⠿⠿⠿⠿——

⠿⠿⠿⠿⠿⠿⠿⠿⠿⠿⠿⠿⠿⠿⠿⠿⠿⠿⠿⠿⠿⠿⠿⠿⠿⠿⠿⠿⠿⠿⠿⠿⠿——

貪心賓果（國中七年級）

改編者：王雅雯、葉芯、陳明宗、張千惠

單元六

參考來源：李昕儀、廖惠儀（2014）。**貪心賓果**。教育部國民及學前教育署；就是要學好數學一子計畫一：數學活動研習營計畫。

 壹　活動器材

教具	照片	說明
骰子		1. 每套模組2入。 2. 每一面每個點皆有凹陷，可以提供全盲學生觸摸使用。
圖釘		1. 每套模組2入。 2. 作為遊戲教材。
筊		1. 每套模組2入。 2. 作為遊戲教材。

教具	照片	說明
數字卡		1. 每套模組有 4 份，每份 20 張，共 80 張。 2. 每份為數字 1 到 20。 3. 上方以圓形打洞作為路標，除了標示有明眼文字之外，也貼有點字膠膜提供給全盲學生使用。
雙視點字學習回饋單	貪心寶果 學習回饋單 我們玩過「貪心寶果」的 遊戲，度過了快樂的時光， 在請你用心想一想「貪心寶 果」帶給你的感覺是什 呢？你學了些什麼？請把自 己的話寫下來。 （1）我的感覺是 （2）我覺得最有趣的學	題目內容細節參考本單元第肆、伍小節。

貳　活動說明

一、單元主題說明

（一）透過實驗，發展「事件」與「樣本空間」之先備具體心像，以利機率課程之進行。

（二）適用於「機率」正式課程之前。

（三）適用年級：七年級以上。

二、活動目標與核心概念（學習表現）

（一）**活動目標**：藉由數學實際操作的實踐，察覺到機率出現的不均等，進而發展出學生對於數學遊戲的策略概念。

（二）**核心概念（學習表現）**：

d-IV-2　理解機率的意義，能以機率表示不確定性和以樹狀圖分析所有的可能性，並能應用機率到簡單的日常生活情境解決問題。

 活動流程

一、先備活動

（一）**分組**：建議為 4 人一組。

（二）**教具發放與確認**：

1. 骰子：每組 2 入。

2. 圖釘：每組 2 入。

3. 筊：每組 2 入。

4. 數字卡：每人分到 20 張，為數字 1 到 20。

（三）**引起動機**：

1. 藉由生活例子說明「機率是對未知事件的預測」，例如：天氣預報說明降雨機率為 10%。

2. 說明遊戲規則。

二、數學遊戲

（一）**遊戲規則說明：**

1. 每人皆拿 1 到 20，共 20 張數字卡。

2. 每局每人輪流從 2 個骰子、2 個圖釘、2 個筊中任選 1 至 6 個物品進行扔擲。

3. 物品的呈現分別代表不同分數，呈現出的結果加總，即可將對應的數字卡放回到中央，最先用盡數字卡的人為獲勝。

(1) 圖釘尖端向上是 2 分，尖端向下是 1 分。

(2) 筊平面朝上是 2 分，平面朝下是 1 分。

(3) 骰子的分數如同骰子表面的點數。

例如：阿文選擇使用一個骰子和一個筊，結果為骰子呈現數字 3、筊平面朝上（2 分），即為 3+2=5，為 5 分。阿文可將數字卡 5 放回中央。

4. 若沒有該張數字卡，該名學生即無法交出數字卡，交由下一人進行遊戲。

（二）**實際操作遊戲：**

1. 可以先讓學生試玩一回合，確認學生了解規則。

2. 可視學生狀況調整規則（例如：第一回合先用數字卡 1 到 10，並僅提供筊和骰子）。

3. 結算各組學生之遊戲結果，最先用盡數字卡者為獲勝。

三、遊戲討論

全班共同討論：

（一）你將哪些數字卡交至中央？

（二）你最希望交出哪一張數字卡？

（三）若你要交出 6 號數字卡，你可以怎麼從圖釘、骰子和籤中作選擇。

（四）交出 1 號還是 2 號數字卡的機率較高？理由為何？

肆　明眼文字學習回饋單

我們玩過「貪心賓果」的遊戲，度過了快樂的時光，現在請你（妳）用心想一想，「貪心賓果」帶給你（妳）的感覺是什麼？你（妳）學了些什麼？請用自己的話寫下來。

貪心賓果學習單電子檔

1. 我的感覺是：

2. 我覺得最有趣的是：

3. 我還想要知道的是：

4. 我覺得這個遊戲哪裡可以更好：

伍 點字學習回饋單

⠹⠧⠐⠢⠐⠕⠐⠊⠄⠒⠈
⠴⠘⠈⠑⠈⠐⠗⠙⠐⠃⠐⠛⠄⠹⠧⠄

⠈⠄⠍⠥⠂⠯⠈⠄⠒⠈⠒⠒⠨⠹⠧⠐⠢⠐⠕⠐⠊⠄⠒⠈⠰⠒ ⠙⠣⠐⠎⠂⠑⠈⠄⠛⠙⠘⠈⠈⠈⠄
⠙⠣⠇⠊⠛⠈⠙⠣⠈⠙⠣⠈⠊⠐⠈ ⠇⠂⠑⠃⠈⠓⠙⠈⠘⠙⠈⠙⠘⠈⠘⠄⠛⠈⠐⠑⠈⠄⠑⠈⠈⠈⠄
⠈⠈⠐⠐⠨⠹⠧⠐⠢⠐⠕⠐⠊⠄⠒⠈⠰⠒ ⠙⠘⠈⠈⠈⠈⠙⠘⠄⠈⠙⠙⠈⠈⠙ ⠙⠣⠈⠈⠇⠧⠈⠈
⠃⠈⠊⠈⠒⠈⠈⠣⠈⠍⠣⠈⠝⠣⠈⠕ ⠝⠈⠈⠙⠝⠈⠈⠕⠙⠃⠈⠈⠙⠣⠈⠒⠈⠄⠈⠣⠈⠒⠍⠣⠈⠕ ⠌
⠵⠈⠛⠈⠈⠓⠫⠈⠈⠈⠈⠈⠙⠣⠈⠃⠗⠈⠈⠈⠑⠙⠈⠈⠑⠣⠈⠈⠙⠧⠄

⠼⠁⠄ ⠈⠈⠙⠣⠈⠇⠧⠈⠈⠃⠈⠊⠈⠒⠈⠈⠈⠒⠒

⠼⠃⠄ ⠈⠈⠈⠇⠃⠈⠙⠣⠈⠓⠫⠈⠈⠈⠈⠣⠈⠍⠣⠈⠈⠙⠣⠈⠊⠈⠒⠈⠈⠈⠒⠒

⠼⠉⠄ ⠈⠈⠈⠗⠫⠄⠈⠑⠈⠄⠈⠣⠈⠈⠣⠈⠒⠄⠙⠶⠈⠈⠙⠣⠈⠊⠈⠒⠈⠈⠈⠒⠒

⠼⠙⠄ ⠈⠈⠈⠇⠃⠈⠙⠣⠈⠈⠣⠈⠜⠈⠈⠇⠈⠜⠈⠈⠊⠈⠑⠈⠄⠈⠝⠜⠈⠈⠙⠤⠈⠈⠇⠜⠈⠈⠄⠈⠈⠈⠜⠈⠈⠻⠣⠈⠗⠫⠈⠈⠈⠒⠒

Date _____/_____/_____

單元七

終極密碼（國中七年級）

改編者：王雅雯、葉芃、陳明宗、張千惠

參考來源：黎懿瑩、林壽福。**終極密碼**。教育部國民及學前教育署；數學教育中心第三期模組。

壹 活動器材

教具	照片	說明
點字數字卡	3　數字卡	1. 每套模組 42 張。 2. 小數字卡：1 到 5 各有 6 張，共 30 張。 3. 大數字卡：13 到 15 各有 4 張，共 12 張。
雙視點字學習回饋單	終極密碼 學寫回饋單 我的名字 我們玩過了『終極密碼』遊戲，度過了快樂的時光，現在請你用心想想『終極密碼』帶給你的感覺吧？你學了些什麼……的所有下來	題目內容細節參考本單元第肆、伍小節。

活動說明

一、單元主題說明

（一）透過遊戲式的數學活動，能用生活中常見的數量關係解決問題。

（二）活動適用於「二元一次聯立方程式求解」的正式課程之前。

（三）適用年級：國中七年級

二、活動目標與核心概念（學習表現）

（一）**活動目標：**學生能夠藉由真實情境轉成數學問題，再用數學的計算規則與概念解決，並形成解題策略。

（二）**核心概念（學習表現）：**

a-IV-4　理解二元一次聯立方程式及其解的意義，並能以代入消去法與加減消去法求解和驗算，以及能運用到日常生活的情境解決問題。

活動流程

一、先備活動

（一）**分組：**建議 4 到 6 人一組。

（二）**教具發放：**第一次進行遊戲時，可以先僅隨機均分每人 5 張小數字卡，或視學生能力程度加發大數字卡。

（三）說明遊戲規則。

二、數學遊戲

（一）規則說明：

1. 洗牌後每人拿 5 張數字卡，須將數字卡由小到大、由左而右排列，並決定遊戲輪流的順序。

2. 一號同學可以詢問二號同學任何一個跟數字有關的問題，且問題需要為二張牌之間的關聯性問題，待二號同學回答完畢後，一號同學可以選擇猜牌或 PASS。一號同學問完之後，由二號問三號同學，依此類推。例如：

   一號同學詢問：「你最大的牌和最小的牌相差為多少？」

   二號同學：「相差為 3」。

   一號同學可以猜牌為某數字或是直接 PASS。

   二號同學詢問三號同學問題。

3. 可鼓勵學生以詢問多種問題來猜數字，例如：

   (1) 重複最多的牌有幾張？

   (2) 二數之和。

   (3) 二 數之差。

   (4) 三數總和。

   (5) 二數相乘。

(6) 總乘積。

4. 若被猜中的數字則翻開，並將該牌放回中央，最後沒有牌者即出局。

5. 遊戲計時 10 分鐘結束，或只要一人出局遊戲即結束。

（二）**遊戲進階：**

1. 可以將數字卡的數量變多，改爲每人拿更多張牌。

2. 可以將大數字卡和小數字卡混著發放，來進行遊戲。

三、反思討論

由教師帶領全班進行討論：

（一）你認爲哪些問題是好問題？這些問題能幫助你得到什麼線索？

（二）具體舉一組數字，說明哪些關鍵問題幫助你比較快得到答案？

（三）如果最大減最小等於 4，那麼我知道最大和最小的數字可能爲多少？理由爲何？

明眼文字學習回饋單

我們玩過「終極密碼」的遊戲，度過了快樂的時光，現在請你（妳）用心想想，「終極密碼」帶給你（妳）的感覺是什麼？你（妳）學了些什麼？請用自己的話寫下來。

終極密碼
學習單電子檔

1. 我的感覺是：

2. 我覺得最有趣的是：

3. 我還想要知道的是：

4. 我覺得這個遊戲哪裡可以更好：

伍 **點字學習回饋單**

⠐⠮⠄⠈⠊⠐⠍⠄⠐⠍⠆⠄
⠲⠁⠫⠄⠑⠁⠐⠗⠲⠄⠐⠃⠑⠄⠐⠙⠇

⠂⠍⠍⠄⠐⠟⠄⠅⠂⠆⠄⠢⠜⠮⠄⠊⠁⠍⠄⠐⠍⠆⠄⠤⠆　⠐⠙⠢⠁⠑⠁⠄⠈⠿⠁⠙⠂⠅⠂⠤
⠐⠙⠇⠛⠄⠐⠙⠱⠄⠐⠙⠢⠁⠱⠄⠅⠇⠆⠢⠙⠤⠶⠄⠚⠄⠐⠗⠄⠐⠝⠄⠢⠱⠄⠑⠄⠙⠑⠄⠄⠁
⠢⠤⠮⠄⠊⠁⠍⠄⠐⠍⠆⠄⠤⠆　⠐⠙⠈⠅⠄⠐⠝⠄⠭⠟⠄⠘⠕　⠐⠙⠁⠇⠃⠄⠐⠙⠁
⠊⠄⠑⠄⠑⠍⠪⠁⠝⠅⠂⠄　⠝⠄⠭⠟⠄⠘⠑⠬⠄⠣⠐⠙⠆⠱⠁⠢⠁⠍⠪⠁⠄　⠙⠑⠄
⠙⠤⠮⠅⠄⠄⠐⠙⠪⠄⠗⠤⠄⠑⠣⠄⠐⠙⠱⠄

⠼⠙　⠢⠐⠙⠪⠁⠇⠈⠄⠐⠃⠁⠑⠄⠤⠤

⠼⠃　⠢⠐⠃⠄⠐⠙⠪⠁⠏⠟⠄⠌⠁⠚⠽⠄⠐⠙⠪⠁⠑⠄⠤⠤

⠼⠒　⠢⠐⠗⠃⠄⠑⠄⠭⠅⠂⠄⠱⠂⠄⠐⠙⠭⠄⠐⠙⠪⠁⠑⠄⠤⠤

⠼⠲　⠢⠈⠃⠁⠐⠙⠪⠁⠤⠆⠈⠅⠄⠈⠁⠑⠄⠐⠗⠂⠄⠍⠍⠄⠇⠐⠁⠍⠄⠈⠂⠛⠐⠍⠄⠤⠤

Date _____/_____/_____

幾何

<table>
<tr><td>單元一</td></tr>
</table>

占領天下（國小中年級）

設計、改編者：王雅雯、葉芯、陳明宗、張千惠

參考來源：自編。

壹　活動器材

教具	照片	說明
冰棒棍		1. 每套 60 入。 2. 每根冰棒棍的其中一面黏上魔鬼氈鉤狀面。 3. 左圖分別為冰棒棍的正、反面。
底板		1. 每套 4 入。 2. 底板的格線以魔鬼氈環狀面製作。
骰子		1. 每套 2 入。 2. 每個骰子的點數均微微往下凹陷，讓學生可以觸摸使用。

教具	照片	說明
面積周長卡		1. 每套有 4 張。 2.「面積卡」有 2 張。 3.「周長卡」有 2 張。 4. 以明眼字書寫並貼上點字，右上方有打洞作爲路標。
塑膠盒		1. 每套 1 入。 2. 用以擺放面積周長卡。
小方塊		1. 每套 1 袋。 2. 小方塊可作爲教學過程之集點，亦可依照教學者需求進行調整。
小杯子		1. 每套 2 入。 2. 可提供學生放置集點的小方塊。 3. 可依照學生數量進行調整，亦可使用其他物品代替。
雙視點字學習回饋單		題目內容細節參考本單元第肆、伍小節。

貳　活動說明

一、單元主題說明

（一）透過遊戲方式使學生理解正方形和長方形的面積與周長公式與應用。

（二）活動適用於「周長與面積」正式課程之前。

（三）適用年級：國小中年級。

二、活動目標與核心概念（學習表現）

（一）**活動目標**：能理解正方形和長方形的面積與周長公式，並能應用至日常生活中。

（二）**核心概念（學習表現）：**

s-II-1　理解正方形和長方形的面積與周長公式與應用。

參　活動流程

一、先備活動

（一）教師發放所有教材教具。

（二）複習圖形之周長為何，以及面積計算方式。

（三）以 2 位學生為一組，且互為對手。遊戲前先猜拳決定角色工作，一人負責擲骰子，另一人負責抽面積周長卡。一局結束後交換角色。

1. 擲骰子者可以決定該局要擲 1 個或 2 個骰子。

2. 抽面積周長卡者，每次抽完之牌卡放置於塑膠盒中，不重複使用。

二、數學遊戲規則說明

（一）每一冰棒棍代表一個柵欄，須將冰棒棍連接成四邊形，才能代表圍住並占領一塊土地。

（二）每局共有 4 回合，共進行 2 局（8 回合）。

（三）遊戲過程中，一名學生負責擲骰子決定數值，另一名學生負責抽面積周長卡，決定該輪要排周長或是面積。擲出數值和抽出結果後，2 名學生同時以冰棒棍進行排列。例如：A 學生擲骰子為 5，B 學生抽牌卡為面積，2 人同時以冰棒棍在自己的底板上排出面積為 5 的任意圖形。

（四）每一回合計時 2 分鐘。在時間內，如果排出正確的一個圖形，則可以加一個小方塊；若仍有時間，則可以在底盤上排列出第二個符合規則的圖形。若排出之第二圖形仍和第一圖形之組成完全相同，則不予計分（包含外觀、面積及周長）。

例如：此局為 面積 5 。

A 學生排列出第一個圖形為「 面積 5 、周長 12」，第二個圖形為「 面積 5 、周長 10」，則分別各獲得一個

小方塊，共 2 個。

B 學生排列出 2 個「面積 5、周長 12」之圖形，僅能獲得 1 個小方塊。

（五）第一局遊戲結束之後，2 名同學交換「擲骰子」和「抽周長面積卡」的角色工作。

（六）二局結束後以獲得最多小方塊者獲勝。

（七）若出現擲出數字 3、抽出周長牌卡（此狀況無法圍出一圖形），則該局不計分，牌卡放回塑膠盒中。

三、遊戲討論

（一）**教師帶領討論：**

　　1. 為什麼抽出周長卡、數字為 3 時，無法圍出一面積？數字至少要多少才能夠進行呢？

　　2. 當抽到面積為 5，排列出的圖形是否一定會相同？周長是否一定會相同？

　　3. 當抽到周長為 10，排列出的圖形是否一定會相同？面積是否一定會相同？

（二）討論學習回饋單。

肆 明眼文字學習回饋單

我們玩過「占領天下」的遊戲，度過了快樂的時光，現在請你（妳）用心想一想，「占領天下」帶給你（妳）的感覺是什麼？你（妳）學了些什麼？請用自己的話寫下來。

占領天下學習單電子檔

1. 我的感覺是：

2. 我覺得最有趣的是：

3. 我還想要知道的是：

4. 我覺得這個遊戲哪裡可以更好：

點字學習回饋單

單元二一

占地「圍」王（國小中年級）

改編者：黃琪雯、王雅雯、葉芯、陳明宗、張千惠

參考來源：胡詩菁、陳欣儀、何典蓁、曾婉菁（2018）。**占地「圍」王**。教育部國民及學前教育署；數學活動師培訓研習工作坊第三期，國立臺灣師範大學數學教育中心。

 壹 活動器材

教具	照片	說明
冰棒棍 第一袋	正面 反面	1. 每套 2 袋，每袋有 60 根冰棒棍。 2. 二袋冰棒棍觸摸材質不同：上方 2 根為第一袋冰棒棍的正面與反面，正面為木質冰棒棍觸感、反面貼有魔鬼氈；下方 2 根為第二袋冰棒棍的正面與反面，正面為光滑膠帶觸感，反面貼有魔鬼氈。
第二袋	正面 反面	3. 每根冰棒棍的反面黏上魔鬼氈鉤狀面。

教具	照片	說明
底板		1. 每套模組含底板 2 入。 2. 底板皆以魔鬼氈環狀面作爲格線，將底板分割爲 4×6 方格。 3. 二片底板可以拆開，亦能夠分開使用。
骰子		1. 每套 1 入。 2. 每個骰子的點數均微微往下凹陷，可以觸摸使用。
點字功能卡	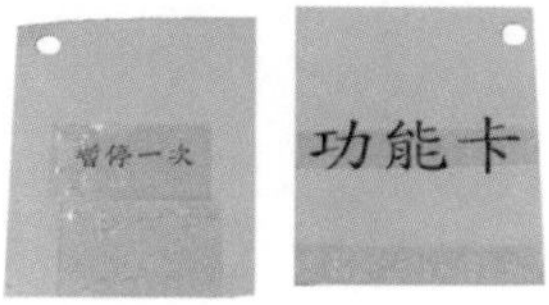 留停一次　功能卡	1. 每套模組含 1 套。 2. 標示有明眼文字並貼有點字膠膜。 3. 左圖爲點字功能卡的正反面。
點字數字卡	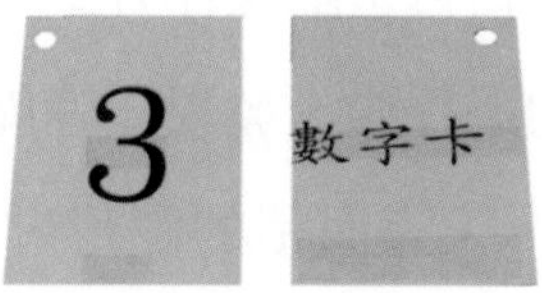 3　數字卡	1. 每套模組含 1 套。 2. 標示有明眼數字並貼有點字膠膜。 3. 左圖爲點字數字卡的正反面。 4. 數字 1 到 10：各 5 張。 5. 數字 11 到 20：各 3 張。

教具	照片	說明
塑膠盒		1. 每套 1 入。 2. 用以放置牌卡。
計分布		1. 每套模組 2 入。 2. 提供學生於遊戲學習過程中計算自己的得分。
雙視點字學習回饋單	佔地圈王 學習回饋單 我的名字： 一、同學們，圍完土地之後 夥伴一起動動腦筋思考 1. 最少需要幾個冰棒 能圍出一塊方形土地呢 ＿＿＿個冰棒棍（也就是 邊長）	題目內容細節參考本單元第肆、伍小節。

貳　活動說明

一、單元主題說明

（一）學生常混淆周長和面積的概念，並存在許多迷思，例如：誤以為等周長等面積；周長越長，面積就越大；反之亦然。本活動結合遊戲操作方式，使學生在實際圍土地（圖形）的過程中，發現「等周長的圖形，面積不一定相同」、「等面積的圖形，周長不一定相同」、「等面積的圖形，形狀不一定一樣」，以及「等周長的圖形中，形狀越接近正方形的圖面積最大」。

（二）活動適用於「周長與面積」單元教學前。

（三）適用年級：國小中年級。

二、活動目標、核心概念（學習表現）

（一）**活動目標**：透過實際操作活動，理解周長與面積之
關係。

（二）**核心概念（學習表現）**：

s-II-1　理解正方形和長方形的面積與周長公式與應用。

 活動流程

一、先備活動

（一）**分組**：至少 2 人一組。

（二）**教具發放與確認**：

1. 冰棒棍，1 組 2 袋，分為貼有膠帶或平滑兩種材質，
每人一種。

2. 底板 1 個。

3. 骰子 1 個。

4. 計分布，1 人 1 個。

5. 點字功能卡，1 組 1 套。

6. 點字數字卡，1 人 1 套。

7. 塑膠盒，1 組 1 個。

8. 點字學習回饋單，1 人 1 張。

（三）說明遊戲規則。

二、數學遊戲

（一）規則說明：

【初階版規則】

1. 每位學生各發 2 張功能卡、1 個計分布、1 套點字數字卡、1 袋冰棒棍。

2. 學生決議先擲骰子的一方。

3. 學生一方先擲骰子，並拿出與骰子點數相同數量的冰棒棍，在底板上沿著格線圍土地。例如：骰子為「4」，即可拿出 4 根冰棒棍圍土地。

4. 換另一學生以相同方式進行。

5. 在遊戲過程中，雙方皆有權利在自己開始圍土地「之前」發動功能卡之功能，但若對方資源不足，無法達成要求，則對手可不履行。例如：抽中「拿掉對手 3 根冰棒棍」，但當下對手在底板的冰棒棍不足 3 根，則對手可不執行。使用後的功能牌須放入塑膠盒中。

6. 當其中一位學生的冰棒棍使用完畢、底板無法排列圖形或時間停止，則遊戲結束並結算分數（可視學生狀況調整結束條件），請學生利用計分布與點字數字卡，記錄自己在底板中所圍出之土地周長和面積。

【進階版規則變化】

● 第一階段

1. 每人先發 1 張功能卡。

2. 二人決議先擲骰子的一方。

3. 先擲骰子的一方，拿出與骰子點數相同數量的冰棒棍，並在底板上沿線圍土地。例如：骰子為「4」，即可拿出 4 根冰棒棍圍土地。

4. 換另一人以相同方式進行。

5. 雙方輪流擲 6 次骰子，結束第一階段圍地。

6. 在遊戲過程中，雙方皆有權利在自己開始圍地「之前」發動功能牌之功能，但若對方資源不足，無法達成要求，則對手可不履行。例如：抽中「拿掉對手 3 根冰棒棍」，但當下對手在底板的冰棒棍不足 3 根，則對手可不執行。使用後的功能卡須放入塑膠盒中，若此階段結束前未使用完畢，則該點字功能卡亦放入塑膠盒。

7. 遊戲後請學生利用計分布與數字卡，記錄土地周長與面積。

● 第二階段

1. 本階段換人先攻。

2. 每人各發 2 張功能卡。

3. 和第一階段相同進行方式，但此階段一定要使用至少 1 張功能卡，若此階段結束前未使用完 2 張點字功能卡，則剩餘之功能卡放入塑膠盒。

4. 若在遊戲過程中，損失己方土地，應隨時更新計分布中的土地資訊。例如：當失去一塊土地，則把計分布中該土地計分之點字數字卡拿掉。

5. 每人輪流擲 5 次骰子，結束第二階段圍地。

6. 遊戲後請學生利用計分布與點字數字卡，再次確認所記錄的土地周長與面積。

● 第三階段

1. 本階段再次換人先攻。

2. 每人各發 2 張功能卡。

3. 和第一、二階段相同進行方式，亦須同時隨時更新計分布。

4. 每人輪流擲 5 次骰子，結束第三階段圍地。

5. 此階段結束後（數字卡皆使用完畢後），雙方可各自再發動最後一張功能卡，若出完最後一張點字功能卡後，手中還有剩餘之卡牌，則剩餘之功能牌失效。若點字數字卡出完後，手中已無點字功能卡，則跳過該人，由手中還有牌的人開始進行。（此階段一定要使用至少 1 張功能卡）

6. 每人分別加總計分布之面積分數，占地面積最大者獲勝（面積＝分數）。

（二）**實際操作遊戲：**

1. 依照規則進行遊戲，並於遊戲結束後結算分數。

2. 面積大者分數較高，分數較高者獲勝。

3. 請每組分別討論遊戲後的想法、周長與面積之關係，並完成學習回饋單。

4. 教師可自行評估時間，若有時間可請學生發表感想並分享其發現結果。

三、遊戲討論

（一）完成操作遊戲後，教學者作為引導者，請同學根據學習回饋單，從遊戲中找出答案。（請見學習回饋單）

（二）教學者帶領全班討論，並分組讓同學進行操作。

討論與操作題目（此處教學者可說出欲討論的題目，進行分組討論）：

1. 如果土地周長為 24，可以有哪些圍法？（請小組在棋盤上操作）？

參考答案：

(1) 四邊長各為 6。

(2) 二邊長為 2，另二邊長為 10。

(3) 二邊長為 3，另二邊長為 9。

(4) 二邊長為 4，另二邊長為 8。

(5) 二邊長為 5，另二邊長為 7。

2. 如果土地面積為 24，可以有哪些圍法？（請小組在棋盤上操作）

參考答案：

(1) 二邊長為 12，另二邊長為 2。

(2) 二邊長為 8，另二邊長為 3。

(3) 二邊長為 6，另二邊長 4。

3. 如果土地面積為 5，可以排成哪些形狀？它們的周長又是多少？（此題目教師可依學生學習狀況加以調整面積大小，或提供其他題目讓學生操作）

參考答案：

共有 4 種排法，周長分別為 12、10。

4. 從上述操作與遊戲中，同學們發現了什麼？

參考答案：

(1) 同面積不一定同周長。

(2) 同周長不一定同面積。

(3) 同面積具有多種形狀。

5. 所以面積跟周長的關係是……

(1) 周長會等於面積嗎？

參考答案：不一定。

(2) 一樣面積的圖形，周長有可能不一樣嗎？為什麼，請舉例？

參考答案：有，參見討論 2.。

(3) 一樣周長的圖形，面積有可能不一樣嗎？為什麼，請舉例？

參考答案：有，參見討論 1.。

(4) 周長越大，面積一定越大嗎？請舉例。

參考答案：不一定。

例如二邊長為 2，另二邊長為 7，周長共 18，面積為 14；四邊長為 4，周長共 16，面積為 16。

(5) 面積越大，周長一定越大嗎？請舉例。

參考答案：不一定。

例如四邊長為 6，面積為 36，周長共 24；二邊長為 2，另二邊為 12，面積為 24，周長為 28。

(6) 相同周長要怎麼圍，面積可能越大？

參考答案：

圖形越接近正方形，則面積可能越大。

肆 **明眼文字學習回饋單**

占地「圍」王學習單電子檔

一、同學們，圍完土地之後，和夥伴一起
　　動動腦筋想想看：

1. 最少需要幾根冰棒棍才能圍出一塊方形土地呢？_____根冰
　棒棍（也就是_____條邊）

2. 根據計分布，你有哪些土地周長排出來是一樣的嗎？_____
　這些土地的 面積 也都一樣嗎？
　請將它們的形狀與邊長記錄下來。

3. 根據計分布，你有哪些土地面積排出來是一樣的嗎？_____
　這些土地的 周長 也都一樣嗎？
　請將它們的形狀與邊長記錄下來。

二、我們玩過「占地『圍』王」的遊戲，度過了快樂的時光，現在請你（妳）用心想一想，「占地『圍』王」帶給你（妳）的感覺是什麼？你（妳）學了些什麼？請用自己的話寫下來。

1. 我的感覺是：

2. 我覺得最有趣的是：

3. 我還想要知道的是：

4. 我覺得這個遊戲哪裡可以更好：

伍　點字學習回饋單

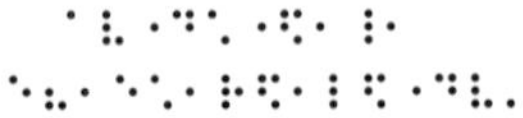

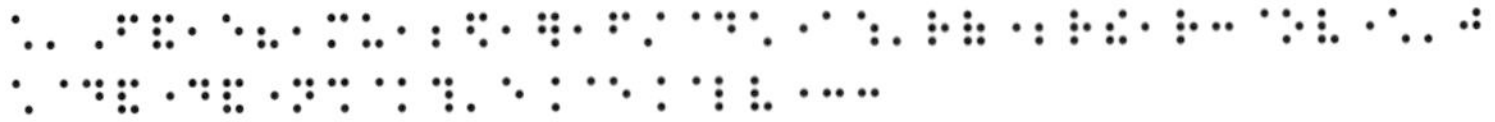

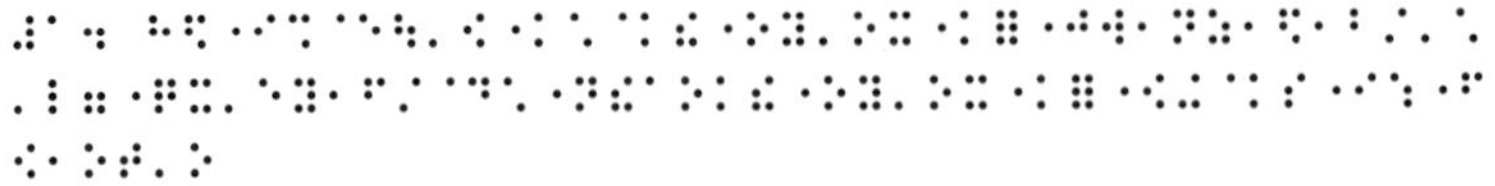

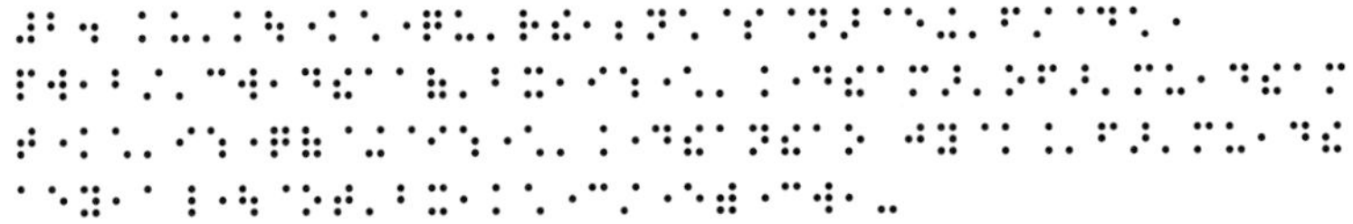

（點字內容）

⠰⠐⠍⠆�279⠐⠙�006⠶⠐⠆⠐⠽⠛⠞⠐⠄⠆⠐⠕⠐⠆⠆⠀⠐⠶⠆⠀⠝⠙⠐⠕⠐⠄⠆
⠕⠙⠰⠂⠈⠍⠙⠐⠝⠃⠈⠍⠙⠐⠙⠐⠄⠐⠂⠰⠐⠄⠀⠼⠛⠈⠑⠥⠀⠐⠈⠂⠐⠅⠙⠐⠆
⠂⠐⠄⠂⠑⠐⠂⠆⠐⠽⠛⠞⠐⠄⠆⠐⠕⠐⠆⠆⠀⠐⠶⠆⠙⠐⠐⠄⠐⠕⠐⠆⠐⠕⠐⠛⠐⠙
⠣⠂⠐⠽⠈⠃⠄⠐⠄⠐⠄⠐⠂⠐⠍⠣⠐⠽⠐⠐⠽⠐⠐⠄⠐⠓⠀⠂⠂⠐⠍⠣⠑⠅⠄⠄
⠍⠣⠕⠀⠛⠙⠐⠂⠈⠠⠆⠄⠅⠂⠐⠍⠣⠃⠆⠂⠑⠄⠐⠍⠆⠐⠙⠂⠒

⠼⠙⠆⠀⠐⠍⠣⠄⠐⠅⠉⠄⠃⠂⠙⠆⠂⠒⠒

⠼⠃⠆⠀⠂⠐⠃⠂⠐⠙⠄⠂⠓⠣⠂⠙⠂⠈⠙⠣⠐⠙⠆⠂⠒⠒

⠼⠉⠆⠀⠂⠐⠓⠣⠂⠙⠂⠐⠅⠂⠐⠅⠂⠐⠂⠆⠐⠙⠄⠂⠐⠙⠆⠂⠒⠒

⠼⠙⠆⠀⠂⠐⠃⠂⠐⠙⠄⠂⠂⠅⠆⠂⠐⠅⠆⠂⠅⠂⠐⠕⠆⠐⠙⠣⠐⠍⠐⠂⠅⠆⠐⠍⠐⠂⠐⠅⠣⠂⠈⠞⠐⠍⠄⠂⠒⠒

附錄（一）：點字數字卡

1	2	3
數字卡	數字卡	數字卡

4	5	6
數字卡	數字卡	數字卡

7 8 9

數字卡 數字卡 數字卡

10	11	12
數字卡	數字卡	數字卡

13	14	15
數字卡	數字卡	數字卡

16 17 18

數字卡　數字卡　數字卡

19 20

數字卡　數字卡

附錄（二）：點字數字卡

拿掉對手棋盤上的任意 3 根冰棒棍	拿掉對手棋盤上的任意 3 根冰棒棍	拿掉對手棋盤上的任意 3 根冰棒棍
暫停一次	暫停一次	暫停一次
再丟一次骰子	再丟一次骰子	再丟一次骰子

功能卡	功能卡	功能卡
功能卡	功能卡	功能卡
功能卡	功能卡	功能卡

圖形

支援前線（國小中年級）

單元三二

設計、改編者：王雅雯、葉芮、陳明宗、張千惠

參考來源：自編。

壹 活動器材

教具	照片	說明
圖形卡		1. 每套模組含有 4 組。 2. 每組包含：平行四邊形、正方形、長方形、菱形及梯形各一。
點字條件卡	四個角	1. 每套模組含有 4 組。 2. 每組包含不同圖形的組成條件。 3. 上方標有明眼文字，並貼上點字。

教具	照片	說明
塑膠盒		1. 每套模組 4 入。 2. 提供學生於遊戲過程中可以放置點字條件卡。
小方塊		1. 每套模組有 1 包。 2. 可作為教學者於教學的過程中計分使用。
小杯子		1. 每套模組共有 4 入。 2. 提供學生於學習過程中收集教師給予的小方塊。
雙視點字學習回饋單		題目內容細節參考本單元第肆、伍小節。

活動說明

一、單元主題說明

（一）對於各圖形的組成條件及概念，在初學階段，可能會時常混淆，本活動想透過遊戲的方式，讓學生在「支援前線」的遊戲中，習得各圖形的組成概念。

（二）本活動適用於學習平行四邊形、正方形、長方形概念後之學生。

（三）適用年級：國小中年級。

二、活動目標與核心概念（學習表現）

（一）**活動目標：**

1. 認識長方形組成概念：四個角、四個頂點、四個邊，四個角都是 90 度、兩雙對邊互相平行、兩雙對邊相等、對角線長度相同。

2. 認識正方形組成概念：四個角、四個頂點、四個邊，四個角都是 90 度、兩雙對邊互相平行、四邊相等、對角線長度相同。

3. 認識平行四邊形組成概念：四個角、四個頂點、四個邊，兩雙對邊互相平行、兩雙對邊相等。

4. 認識菱形的組成概念：四個角、四個頂點、四個邊，兩雙對邊互相平行、兩雙對邊相等、四邊等長。

5. 認識梯形的組成概念：四邊形、有一組對邊平行、兩條不平行的邊（腰）。

（二）**核心概念（學習表現）：**

s-II-3　透過平面圖形的構成要素，認識常見三角形、常見四邊形與圓。

 活動流程

一、先備活動

（一）認識各圖形與組成條件。

（二）**分組活動：**4 人一組。

（三）**發放活動器材：**

1. 點字條件卡：一組一份

2. 點字學習回饋單，一人一份。

二、數學遊戲

（一）**遊戲規則說明：**

1. 4 人一組。

2. 老師說出想要的圖形，接著由學生找到組成此圖形的條件卡，並放在前方各組的塑膠盒內。

3. 拿對一條件卡加 1 分（小方塊），拿錯或少拿條件卡不計分。

4. 遊戲結束以最高分的小組為贏家。

（二）**實際操作遊戲：**

1. 每組會拿到一組點字條件卡。

2. 說明條件卡收集區的位置在教室前方，以及簡單介紹各圖形名稱。

3. 開始說明遊戲規則及計分方式，遊戲中由老師計分，並在每一局公布各小組得分情形。

4. 公布指定圖形後，每一局當中，各組皆有 3 分鐘的時間可以討論，時間一到，老師會說：「請將條件卡放置收集區。」屆時請各組派一名同學將卡片放置收集區。

5. 每一局結束後，老師先介紹指定圖形的組成條件，再計算各組分數，拿對一個條件卡加 1 分，拿錯或少拿條件卡不加分、不扣分。

6. 重複第 4 至第 5 的遊戲步驟，在第五局結束後，積分最高的組別獲勝。

三、遊戲討論

學習回饋單記錄：教師請學生將各圖形對應的條件卡貼在對應的形狀空格裡面。

明眼文字學習回饋單

支援前線學習單電子檔

一、根據剛才進行的遊戲，現在請寫下遊
　　戲過程中的圖形所具備的組成條件：

1. 長方形的組成條件有：

2. 正方形的組成條件有：

3. 梯形的組成條件有：

4. 平行四邊形的組成條件有：

5. 菱形的組成條件有：

二、我們玩過「支援前線」的遊戲，度過了快樂的時光，現在請你（妳）用心想一想，「支援前線」帶給你（妳）的感覺是什麼？你（妳）學了些什麼？請用自己的話寫下來。

1. 我的感覺是：

2. 我覺得最有趣的是：

3. 我還想要知道的是：

4. 我覺得這個遊戲哪裡可以更好：

伍 **點字學習回饋單**

⠵⠠⠗⠄⠍�����⠨⠒ ⠃⠠⠃⠞��� ⠙⠯⠁���⠮⠲⠄
���211�211���⠙⠯⠁�⠔⠠⠠⠠⠳�⠃⠞⠨⠬⠠⠧⠐⠾⠄⠲⠄��⠂�⠐⠭
⠂�⠂⠵���⠨⠒ ⠃⠠⠃⠞��� ⠙⠲��⠾⠐⠾⠄��⠾⠄� ⠙⠯�⠧
⠅�������⠍⠪⠎⠬⠪� ⠐⠾��⠾⠄� ⠮��⠮⠪⠄���⠍⠪�
⠚⠬�⠃⠒⠔⠄⠅��⠮⠃⠬⠄⠋⠪⠄⠩⠮��⠄⠂

⠼⠙� ⠔��⠮⠃⠧����⠒⠄⠄⠄

⠼⠃� ⠔���⠮⠃⠃����⠚⠾��⠮�⠒⠄⠄⠄

⠼⠼⠍⠄ ⠔�⠃⠚⠂⠄⠄⠔��⠄⠰⠉⠄⠚⠄��⠮�⠒⠄⠄⠄

⠼⠙⠄ ⠔���⠮⠂⠢⠄����⠄� ⠬⠬⠂⠒⠈⠄⠐⠮⠈⠠⠄⠈⠅⠿⠄⠄⠄

附錄：點字條件卡

四個角	四個頂點	四個邊
兩雙對邊 互相平行	四個角 都是 90 度	兩雙對邊 長度相等

條件卡	條件卡	條件卡
條件卡	條件卡	條件卡

四邊相等	對角線 等長	對角相等

條件卡	條件卡	條件卡

扇形大拼盤（國小高年級）

設計、改編者：王雅雯、葉芃、陳明宗、呂美玲、張千惠

參考來源：自編。

壹 活動器材

教具	照片	說明
團扇		本套模組共 4 入。
圓形扇形組		1. 一套 6 入。 2. 以雙腳釘在圓心固定住 4 根塑膠棍，可以藉由塑膠棍的轉動，拼排出不同的扇形。

教具	照片	說明
扇形板		1. 模組內含 1 套，共 36 個。 2. 包含圓形板 1 個、30 度扇形板 12 個、45 度扇形板 8 個、60 度扇形板 6 個、90 度扇形板 4 個、120 度扇形板 3 個、180 度扇形板 2 個。（左側圖片為 90 度扇形板） 3. 上方貼有點字。
貼紙包		1. 一套 10 入，共有藍色與黑色二種顏色。 2. 材質為魔鬼氈，可以黏貼於圓形扇形組上方。
牌卡	請拿一個圓形扇形組，排出一個 45 度的扇形。	1. 一套 15 入。 2. 左上角有路標，貼有點字。
雙視點字學習回饋單		題目內容細節參考本單元第肆、伍小節。

活動說明

一、單元主題說明

（一）透過操作扇形與類扇形之教具，發展「扇形概念」之具體心像，以利相關正式課程之進行。

（二）活動適用於「認識扇形」正式課程之前。

（三）適用年級：國小高年級。

二、活動目標與核心概念（學習表現）

（一）**活動目標：**

1. 透過扇子的實際操作了解扇形的定義與概念。

2. 透過牌卡遊戲熟悉扇形。

（二）**核心概念（學習表現）：**

s-III-2　認識圓周率的意義，理解圓面積、圓周長、扇形面積與弧長之計算方式。

s-III-5　以簡單推理，理解幾何形體的性質。

活動流程

一、先備活動

（一）**教具發放與確認：**

1. 團扇（每組 4 個）。

2. 圓形扇形組。

3. 點字學習回饋單。

（二）教師說明扇形的定義：

1. 扇形的組成：2 條半徑、1 個弧、1 個角。

2. 扇形為圓的一部分。

（三）由團扇的操作熟悉扇形的形狀與組成條件：

1. 以扇形板為底，由團扇可以展開出不同角度的扇形。例如：拿出 90 度扇形圖卡，將團扇擺在圖卡上方展開至相對應的角度。

2. 團扇與扇形圖卡的操作：

(1) 圓形（一個完整的團扇展開為 360 度，為一個圓）。

(2) 二分之一圓（2 個 180 度團扇可以組成一個圓）。

(3) 四分之一圓（4 個 90 度團扇可以組成一個圓）。

二、數學遊戲規則說明

（一）教師發下圓形扇形組，並說明教具使用方法：

1. 圓形紙板上為魔鬼氈，並以雙腳釘在圓心固定住 4 根冰棒棍。

2. 可以藉由冰棒棍的轉動，拼出不同的扇形。

3. 能將貼紙固定於圓形紙板上。

（二）教師說明遊戲規則：

1. 將牌卡放置在二人中間，輪流抽一張牌卡，並朗讀出牌卡上的題目。

2. 二人同時進行題目卡要求。

3. 最先完成且正確者獲勝，並得到該張牌卡。

4. 全部牌卡皆抽完之後，由最多牌卡者獲勝。

5. 若 A、B 二人中，B 最先完成但未答對，則檢查 A 之任務執行，若 A 正確則由其獲得牌卡；若 A、B 二人同時完成也皆正確，該張牌卡放回牌卡堆最下面，此局定為平手，皆不得分。

（三）牌卡內容 ── 初階：

1. 請拿一個圓形扇形組，排出一個 30 度的扇形。

2. 請拿一個圓形扇形組，排出一個 45 度的扇形。

3. 請拿一個圓形扇形組，排出一個 60 度的扇形。

4. 請拿一個圓形扇形組，排出一個 90 度的扇形。

5. 請拿一個圓形扇形組，排出一個 120 度的扇形。

6. 請拿一個圓形扇形組，排出一個 180 度的扇形。

7. 請拿一個圓形扇形組，其中排列出二個不同角度的扇形。

8. 請拿一個圓形扇形組，其中排列出三個不同角度的扇形。

9. 請拿二個圓形扇形組，分別排出一個 180 度的扇形及一個 90 度的扇形。

10. 請拿二個圓形扇形組，分別排出一個 180 度的扇形及二個 90 度的扇形。

11. 請拿二個圓形扇形組，分別排出一個 45 度的扇形及一個 180 度的扇形。

（四）牌卡內容——進階：

1. 請拿一個圓形扇形組，排出四個 90 度扇形，其中二個貼上貼紙，另外二個不用貼。

2. 請拿一個圓形扇形組，排出二個 180 度扇形，其中一個要貼上貼紙。

3. 請拿二個圓形扇形組，其中一個排出 180 度的扇形，貼上貼紙；另一個排出 60 度的扇形，貼上二個貼紙。

4. 請拿二個圓形扇形組，其中一個排出四個 90 度的扇形，貼上貼紙；另一個排出 45 度的扇形。

5. 請拿出二個圓形扇形組，第一個排出一個 90 度扇形、二個 60 度扇形，第二個排出 180 度扇形。

扇形

明眼文字學習回饋單

我們玩過「扇形大拼盤」的遊戲，度過了快樂的時光，現在請你（妳）用心想一想，「扇形大拼盤」帶給你（妳）的感覺是什麼？你（妳）學了些什麼？請用自己的話寫下來。

扇形大拼盤學習單電子檔

1. 我的感覺是：

2. 我覺得最有趣的是：

3. 我還想要知道的是：

4. 我覺得這個遊戲哪裡可以更好：

伍　點字學習回饋單

單元五　相似亮晶晶（國小高年級）

設計、改編者：張詠純、王雅雯、葉芃、陳明宗、張千惠

參考來源：自編。

 活動器材

教具	圖片	說明
圖形卡		1. 圖卡共分為四邊形圖卡與三角形圖卡。 2. 四邊形圖卡包含：長方形、正方形、平行四邊形、菱形、梯形，每個四邊形圖形各 4 張，共有 2 種材質和 2 種大小組成。

教具	圖片	說明
圖形卡		3. 三角形圖卡包含：直角三角形、等腰銳角三角形、銳角三角形、鈍角三角形、正三角形，每個三角形圖形各4張。共有2種大小和2種材質組成。 4. 四邊形圖卡為20張，三角形圖卡為20張，共40張。
止滑墊		1. 每套模組共2入。 2. 提供學生於遊戲學習過程中擺放圖卡，避免滑動。
塑膠盒		1. 每套模組共2入。 2. 提供學生於遊戲過程中，可以放置用過的圖形卡。
點字學習回饋單		題目內容細節參考本單元第肆、伍小節。

活動說明

一、單元主題說明

（一）透過操作牌卡，發展「全等平面圖形」概念，以利相關正式課程之進行。

（二）透過操作牌卡，發展「相似形」概念，以利相關正式課程之進行。

（三）活動適用於「認識全等、相似的平面圖形」正式課程之前。

（四）適用年級：國小高年級。

二、活動目標與核心概念（學習表現）

（一）**活動目標**：理解全等平面圖形概念，且能找出全等平面圖形。

（二）**核心概念（學習表現）**：

s-II-2 認識平面圖形全等的意義。

s-III-7 認識平面圖形縮放的意義與應用。

活動流程

一、先備活動

（一）進行分組：2-4 個人一組，彼此互為對手。

（二）**教具發放：**

　　1. 四邊形圖形卡與三角形圖形卡 1 組共 40 張。

　　2. 點字學習單 1 人 1 張。

（三）**引起動機：**

　　以撲克牌進行全等撿紅點的遊戲，作為課程之引起動機活動，並說明本堂課程將結合遊戲之方式進行。

二、　遊戲進行

（一）**遊戲規則說明：**

　　1. 每一組圖形卡有 40 張，分為四邊形圖形卡（20 張）及三角形圖形卡（20 張）。

　　2. 教師洗牌後，從牌堆裡隨機拿 24 張牌平均發給所有學生（例如 4 人一組 1 人抽 6 張，3 人一組 1 人抽 8 張，以此類推），其餘牌卡放置在塑膠盒中。

　　3. 從塑膠盒的牌堆裡抽取 4 張圖卡放置在止滑墊上，稱之為海底牌。

　　4. 若手上的牌與海底牌形狀相同或相似，學生即可配對並將 2 張牌收回，再從塑膠盒中抽出一張牌。若抽出的牌可與海底牌內任一張牌卡配對，則可再次收回己有，直到抽出的牌卡無法與海底牌配對，則換下一個學生。

5. 若學生手上的牌皆無法與海底牌配對，則交出一張手上的牌作為海底牌，並從塑膠盒中抽一張牌。若抽出的牌卡仍無法配對，則將該牌卡放置於止滑墊上視為海底牌，並換下一學生出牌。

6. 當塑膠盒中的牌皆取完，而所有學生手上的牌無法再打出後，即可計算分數。

7. 計分方式：拿到越多閃亮平面圖卡的人獲勝。

（二）**實際操作遊戲：**

可視課程時間進行多局遊戲，最終以獲勝最多者為贏家。

三、遊戲討論

（一）**小組討論：**

1. 實際操作遊戲後，小組進行討論，並完成學習單上的小組討論問題。

2. 老師發下學習單第二大題的第三小題須使用的平面圖形卡，每一組 1 袋。

（二）**全班共同討論：**

老師帶領學生進行討論，宜聚焦學習單上的小組討論問題：

1. 要如何找到形狀相同的平面圖形？

2. 要怎麼知道這二個平面圖形形狀一模一樣？

3. 請使用平面圖形卡找出形狀一樣的圖形。請問總共有幾組？

（三）**師生共同歸納與老師解說：**

1. 將二個圖形疊疊看，先比較圖形的形狀是否一樣，形狀一樣後，再比較大小是否一樣。

2. 可以用二個圖形完全疊合來判斷，因為若二個圖形可以疊合表示這二個圖形一模一樣，也就是說它們的形狀、大小會一模一樣。圖形的頂點、邊可以與另一個圖形的頂點、邊重合，它們有相同數目的頂點、邊。

3. 共有 3 組。

4. 師生共同歸納後，老師解說形狀、大小一模一樣的平面圖形，在數學上稱作「全等圖形」；角度相同但邊長大小不同，則為「相似圖形」。

明眼文字學習回饋單

相似亮晶晶

一、寫下你在遊戲中得分的策略。

二、小組討論

1. 要如何找到形狀、大小一模一樣的平面圖形？

2. 要怎麼知道這二個平面圖形形狀、大小一模一樣？

3. 請使用平面圖形卡找出形狀、大小一模一樣的圖形。請問總共有幾組？

三、牛刀小試

1. 請寫出全等圖形有什麼特徵？相似圖形的特徵又為何？

2. 要如何找到全等圖形？要如何找到相似圖形？

3. 要如何判斷這二個圖形是全等圖形？

四、我要挑戰

請思考一個正方形要如何將其變成二個全等圖形，請寫出作法。

五、我們玩過「相似亮晶晶」的遊戲，度過了快樂的時光，現在請你（妳）用心想一想，「相似亮晶晶」帶給你（妳）的感覺是什麼？你（妳）學了些什麼？請用自己的話寫下來。

1. 我的感覺是：

2. 我覺得最有趣的是：

3. 我還想要知道的是：

4. 我覺得這個遊戲哪裡可以更好：

點字學習回饋單

⠢⠄⠑⠒⠍⠄⠅⠽⠂⠅⠽⠄
⠢⠆⠑⠄⠄⠗⠢⠄⠃⠢⠄⠙⠥⠄
⠳⠂⠂⠑⠆⠛⠲⠈⠝⠄⠗⠽⠄⠎⠊⠄⠑⠄⠈⠊⠿⠄⠙⠢⠈⠟⠥⠄⠙⠢⠅⠈⠈⠒⠆⠄⠲

⠢⠄⠂⠑⠢⠈⠓⠌⠂⠏⠿⠈⠍⠿⠄

⠍⠂⠒⠂⠈⠛⠒⠌⠂⠗⠢⠈⠁⠟⠈⠙⠿⠈⠑⠿⠂⠈⠇⠂⠂⠙⠒⠈⠑⠢⠈⠄⠍⠢⠂⠄⠂⠈⠙⠢
⠈⠏⠽⠂⠍⠿⠈⠋⠌⠂⠑⠽⠂⠒

⠍⠆⠒⠂⠈⠛⠓⠥⠌⠍⠮⠂⠁⠂⠄⠙⠿⠂⠈⠁⠮⠈⠂⠍⠄⠈⠅⠮⠈⠏⠽⠂⠍⠿⠈⠋⠌⠂⠑⠽⠂⠈⠑⠽⠂
⠈⠇⠂⠂⠙⠒⠈⠑⠢⠈⠄⠍⠢⠂⠄⠂⠈⠙⠒

⠍⠒⠒⠂⠚⠽⠈⠊⠂⠒⠂⠛⠈⠏⠽⠂⠍⠿⠈⠋⠌⠂⠑⠽⠂⠇⠿⠂⠈⠁⠮⠈⠃⠌⠂⠑⠽⠂⠈⠇⠂⠂⠙⠒
⠈⠑⠢⠈⠄⠍⠢⠂⠄⠂⠈⠙⠢⠅⠋⠌⠂⠑⠽⠂⠈⠄⠚⠽⠿⠈⠤⠑⠃⠄⠈⠅⠉⠈⠢⠎⠂⠈⠄⠈⠓⠌
⠒

相似平面圖形

將軍與傳令兵（國小高年級）

單元六

改編者：王雅雯、葉芯、陳明宗、張千惠

參考來源：莊佶達（2017）。**將軍與傳令兵**。教育部國民及學前教育署；教育部國教署委辦 106 年「就是要學好數學──子計畫一：數學活動研習營計畫」。

 壹 活動器材

教具	照片	說明
積木		1. 每套模組共有 90 個積木。 2. 積木之間可以拼接組裝。
方格盤		1. 每套模組有 2 入。 2. 上方標示有 1 到 9 作為座標。
小方塊		1. 每套模組有 1 包。 2. 可作為教學者於教學的過程中計分使用。

教具	照片	說明
小杯子		1. 每套模組共有4入。 2. 提供學生於學習過程中，收集教師給予的小方塊。
雙視點字學習回饋單		題目內容細節參考本單元第肆、伍小節。

活動說明

一、單元主題說明

（一）立體圖所表達的形狀最接近眼睛所見，最容易接受，但若需要詳細的資料可能會嫌不足，這時就需要平面圖來輔助，而「正投影視圖」正是描述立體圖形的最佳方式，可讓學生先備具體心像，以利相關正式課程之進行。

（二）適用年級：國小高年級以上。

二、核心概念（學習表現）

s-III-3　從操作活動，理解空間中面與面的關係與簡單立體形體的性質。

參 活動流程

一、先備活動

（一）說明遊戲。

（二）**分組**：分 3 至 5 人一組，每輪遊戲中由其中一名學生擔任將軍，其他學生擔任小兵，每輪遊戲結束後換人當將軍。

二、第一階段遊戲規則

（一）每次遊戲限時 4 分鐘。

（二）由教師先組裝好各形狀的單層積木，請各組的將軍到臺前，將軍可以在 1 分鐘內用觸摸、觀察等不同方式記錄積木的模樣。

（三）將軍回到組別內，用口述方式向組內的小兵敘述立體物件的模樣，將軍這個時候不能觸摸任何積木。

（四）各組小兵協力完成將軍所形容的積木，教師按照完成速度、正確性、時間給予不同得分。

（五）計分方式：正確且最快完成：2 分（給予 2 個小方塊）、正確但非最快完成：1 分（給予 1 個小方塊）、不正

確：0 分

（六）此階段可以進行約 3 次遊戲，過程中鼓勵學生找到能夠精準說明立體圖形的策略與方法。

三、教學進行

（一）先請第一階段遊戲中得分最高的組別，分享該組排出正確立體積木的策略或技巧。

（二）第一階段遊戲中容易出現無法表達清楚的情形，以致只能形容積木的外表。故在第一階段結束後，由教學者提供學生位置標定策略，在方格盤中標示數字，方便學生定位與說明積木。例如：積木排列如下圖，可以透過方格盤形容：「12346789 位置皆要擺放積木，把它們組起來就完成！」

1	2	3
4	5	6
7	8	9

（三）各組透過教師出題，練習透過方格盤擺放積木（視學生的狀況出題，積木由基礎的單層進階到雙層與三層

積木），待學生皆熟習方格盤的使用後，再進行第二階段遊戲。

（四）出題練習：（分為單層與雙層二種難度）

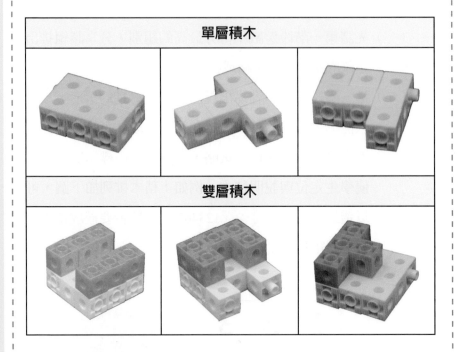

單層積木

雙層積木

四、第二階段遊戲活動

（一）**遊戲規則說明：**

　　　1. 每次遊戲限時 4 分鐘

　　　2. 由教師先組裝好各形狀的雙層或三層積木，請各組的將軍到臺前，將軍可以在 1 分鐘內用觸摸、觀察

等不同方式記錄積木。

3. 將軍回到組別內，用口述及透過方格盤的說明方式，向組內的小兵敘述立體物件的模樣，將軍不能觸摸任何積木。

4. 各組小兵協力完成將軍所形容的積木，教師按照完成速度、正確性、時間給予不同得分。

5. 計分方式：正確且最快完成：2分（給予2個小方塊）、正確但非最快完成：1分（給予1個小方塊）、不正確：0分。

（二）學生實際操作進行遊戲。

（三）此階段以二、三層立體圖形為主。

明眼文字學習回饋單

將軍與傳令兵
學習單電子檔

一、請你（妳）形容一下當有不同層的積木
　　時，你是如何和你（妳）的夥伴溝通？

1. 一層積木時：

2. 二層積木時：

3. 三層積木時：

二、你（妳）的組別如何致勝？有沒有其他致勝策略？

三、每人隨意組裝積木成一立體物件，請向你（妳）的組
　　員正確描述這個立體圖形！請組員看看同學的形容是
　　否正確。

四、我們玩過「將軍與傳令兵」的遊戲，度過了快樂的時光。
　　現在請你（妳）用心想一想，「將軍與傳令兵」帶給你
　　（妳）的感覺是什麼？你（妳）學了些什麼？請用自己
　　的話寫下來。

1. 我的感覺是：

2. 我覺得最有趣的是：

3. 我還想要知道的是：

4. 我覺得這個遊戲哪裡可以更好：

伍 點字學習回饋單

⠊ ⠄⠇⠙⠥⠂⠻ ⠐⠃⠟⠆⠉⠙ ⠐⠕⠙⠄
⠐⠟⠁ ⠐⠋⠄⠁ ⠗⠟⠐⠁⠇⠟⠂⠐⠙⠧⠄

⠐⠂ ⠜⠙⠽ ⠐⠏⠄⠐⠟⠽⠂⠟⠃⠁⠐⠂⠂⠙⠑⠁⠐⠝⠆⠎⠐⠕⠂⠐⠋⠑⠂⠙⠆⠂⠐⠙⠑⠐⠂⠂⠂⠝⠂
⠐⠊⠂⠆⠂⠰⠏⠄⠐⠊⠂⠐⠺⠂⠊⠂⠗⠑⠂⠐⠗⠑⠂⠐⠏⠄⠐⠙⠑⠂⠗⠢⠂⠐⠕⠇⠐⠅⠆⠄⠖⠏⠙⠄⠆⠄
⠿⠙⠆ ⠐⠂⠆⠙⠑⠂⠐⠂⠂⠂⠝⠂⠊⠂⠆⠂⠂⠂⠂

⠿⠃⠆ ⠒⠆⠙⠑⠂⠐⠂⠂⠂⠝⠂⠊⠂⠆⠂⠂⠂⠂

⠿⠉⠆ ⠑⠧⠂⠙⠑⠂⠐⠂⠂⠂⠝⠂⠊⠂⠆⠂⠂⠂⠂

⠂⠂⠂⠏⠄⠂⠐⠙⠑⠂⠥⠂⠒⠂⠐⠂⠂⠆⠂⠗⠑⠂⠂⠂⠆⠂⠊⠆⠂⠐ ⠄⠂⠗⠙⠁⠄⠐⠂⠼⠂⠂⠒⠄⠂
⠂⠆⠂⠊⠆⠂⠂⠙⠆⠐⠂⠏⠄⠄⠐

單元七

蓋樂牌（國小高年級）

改編者：王雅雯、葉芄、陳明宗、張千惠

參考來源：莊雅清（2017）。**蓋樂牌**。教育部國民及學前教育署；數學活動師培訓研習工作坊第三期，國立臺灣師範大學數學教育中心。

壹　活動器材

教具	照片	說明
凸線牌卡		1. 每套模組含有 1 組排卡。 2. 如左方圖形，以光滑面膠帶作爲邊框，爲立體可觸摸之線條，與鄰近區域材質不同。
立體積木		1. 每套模組含有 60 個積木。 2. 可於學習遊戲的過程中拼裝。

教具	照片	說明
小方塊		1. 每套模組有 1 包。 2. 可作爲教學者於教學的過程中計分使用。
小杯子		1. 每套模組共有 4 入。 2. 提供學生於學習過程中，收集教師給予的小方塊。
雙視點字學習回饋單	蓋樂牌學習回饋單我的名字：一、請描述或再拿到最困難的並說明爲甚麼覺二、當抽到相同	題目内容細節參考本單元第肆、伍小節。

貳　活動說明

一、單元主題說明

（一）透過課程活動的安排，了解「單視圖」的基本概念，並藉由具體操作活動引導視圖。

（二）適用年級：國小高年級階段。

二、活動目標與核心概念（學習表現）

（一）**活動目標**：透過牌卡的圖示，讓學生能夠動手排出單層積木的單視圖。

（二）**核心概念（學習表現）：**

s-III-3 從操作活動，理解空間中面與面的關係與簡單立體形體的性質。

活動流程

一、先備活動

（一）**分組**：學生 3 人一組，互為對手。

（二）**教具發放與確認：**

1. 凸線牌卡 1 組。

2. 立體積木 60 個

3. 小杯子每人 1 個。

4. 點字學習回饋單。

（三）**引起動機與介紹教具使用：**

1. 簡要介紹遊戲規則。

2. 說明教具使用。

二、數學遊戲

（一）**遊戲規則說明：**

1. 每一回合計時 2 分鐘，共 4 回合。

2. 每次遊戲開始前，每位學生皆抽一張牌放置在止滑墊上（共 3 張）。每位學生皆了解牌卡後，計時 2 分鐘，學生須在 2 分鐘內組裝一立體圖形。立體圖形至少要有一面符合抽出之牌卡上所繪製的圖形。若立體積木排出其中一張牌卡，則獲得 1 分；排出符合 2 張牌卡的立體積木，則獲得 2 分，以此類推。

（二）實際操作遊戲：

1. 3 名學生共抽出以下 3 張圖卡：

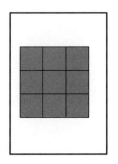 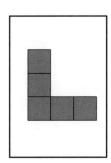 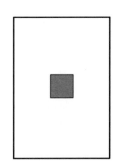

2. 排出如下圖，分別可以獲得 3 分、2 分、1 分。

3. 每次計時 2 分鐘，時間結束之後，可由教師或學生
   互相檢查，並給予小方塊作為計分。

4. 遊戲以 4 回合為結束，獲得最多小方塊者獲勝。

5. 教學者可以鼓勵學生組出可以同時達成 3 張牌卡的
   積木。

肆 明眼文字學習回饋單

蓋樂牌學習單電子檔

一、請描述或再次排列剛剛拿到最困難的
　　一張牌卡，並說明為什麼覺得困難。

二、當抽到相同的 2 張牌卡時，排出之立體圖形，其體積是
　　否一定會相等？

三、請排出一個立體圖形，並與身邊的朋友分享。

四、我們玩過「蓋樂牌」的遊戲，度過了快樂的時光，現在
　　請你（妳）用心想一想，「蓋樂牌」帶給你（妳）的感
　　覺是什麼？你（妳）學了些什麼？請用自己的話寫下來。

1. 我的感覺是：

2. 我覺得最有趣的是：

3. 我還想要知道的是：

4. 我覺得這個遊戲哪裡可以更好：

伍　點字學習回饋單

⠒⠙⠐⠆⠐⠙⠂
⠈⠥⠄⠈⠄⠐⠗⠒⠄⠆⠐⠄⠐⠝⠄

⠈⠄⠠⠙⠐⠋⠐⠂⠉⠂⠄⠿⠒⠶⠙⠒⠐⠙⠄⠐⠄⠂⠙⠄⠈⠥⠄⠐⠅⠄⠐⠅⠄⠄⠠⠂⠂⠽⠄
⠓⠨⠆⠇⠶⠐⠝⠄⠐⠙⠄⠠⠄⠐⠅⠄⠐⠙⠄⠂⠎⠂⠂⠒⠙⠈⠂⠄⠂⠍⠽⠄⠨⠂⠈⠂⠍⠄⠆⠐
⠄⠈⠙⠄⠆⠂⠿⠐⠝⠄

⠒⠆⠪⠝⠥⠄⠐⠶⠄⠽⠄⠄⠂⠢⠂⠋⠆⠐⠙⠄⠍⠄⠐⠄⠈⠥⠄⠐⠙⠄⠂⠎⠂⠂⠐⠂⠎⠆⠆⠙⠄⠆⠠
⠆⠐⠆⠂⠄⠋⠄⠄⠋⠂⠂⠑⠙⠆⠂⠋⠄⠈⠄⠈⠄⠂⠆⠶⠿⠈⠄⠙⠄⠐⠗⠄⠐⠈⠄⠙⠄
⠐⠙⠄⠶⠕

⠐⠧⠄⠠⠙⠄⠙⠄⠆⠂⠄⠈⠄⠂⠄⠶⠈⠄⠐⠋⠄⠐⠂⠎⠆⠆⠙⠄⠶⠄⠻⠐⠝⠄
⠊⠥⠄⠕⠋⠄⠐⠙⠎⠗⠂⠎⠐⠗⠥⠄⠈⠄⠄

附錄：牌卡

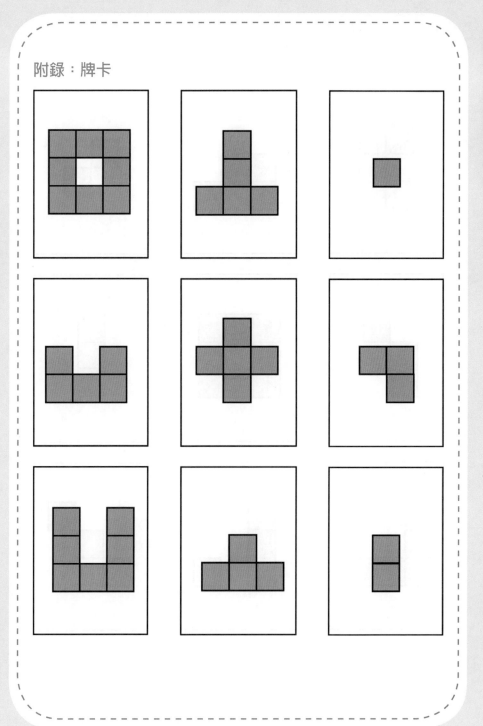

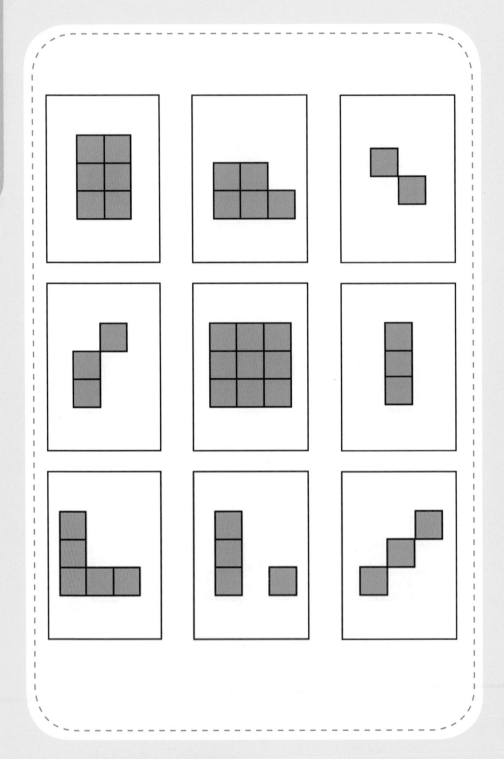

國家圖書館出版品預行編目資料

全盲生好好玩數學：模組教學手冊／張千惠,
林福來, 謝佳叡著. -- 初版. -- 臺北市：五
南圖書出版股份有限公司, 2021.01
面； 公分

ISBN 978-986-522-380-9(平裝)

1.數學教育 2.中小學教育 3.數學遊戲
4.視障者

523.32　　　　　　　　　　109019705

113G

全盲生好好玩數學
模組教學手冊

作　　　者 ― 張千惠（201.7）、林福來、謝佳叡

發 行 人 ― 楊榮川

總 經 理 ― 楊士清

總 編 輯 ― 楊秀麗

副總編輯 ― 黃文瓊

責任編輯 ― 黃淑真、李敏華

封面設計 ― 姚孝慈

文稿校對 ― 呂美玲

模組教具製作 ― 王雅雯、葉芃

影片拍攝製作 ― 陳明宗、王雅雯

照片拍攝 ― 王雅雯、葉芃

出 版 者 ― 五南圖書出版股份有限公司

地　　　址：106台北市大安區和平東路二段339號4樓

電　　　話：(02)2705-5066　　傳　　　真：(02)2706-6100

網　　　址：https://www.wunan.com.tw

電子郵件：wunan@wunan.com.tw

劃撥帳號：01068953

戶　　　名：五南圖書出版股份有限公司

法律顧問　林勝安律師事務所　林勝安律師

出版日期　2021年1月初版一刷

定　　　價　新臺幣330元

經典永恆・名著常在

五十週年的獻禮——經典名著文庫

五南，五十年了，半個世紀，人生旅程的一大半，走過來了。

思索著，邁向百年的未來歷程，能為知識界、文化學術界作些什麼？

在速食文化的生態下，有什麼值得讓人雋永品味的？

歷代經典・當今名著，經過時間的洗禮，千錘百鍊，流傳至今，光芒耀人；

不僅使我們能領悟前人的智慧，同時也增深加廣我們思考的深度與視野。

我們決心投入巨資，有計畫的系統梳選，成立「經典名著文庫」，

希望收入古今中外思想性的、充滿睿智與獨見的經典、名著。

這是一項理想性的、永續性的巨大出版工程。

不在意讀者的眾寡，只考慮它的學術價值，力求完整展現先哲思想的軌跡；

為知識界開啟一片智慧之窗，營造一座百花綻放的世界文明公園，

任君遨遊、取菁吸蜜、嘉惠學子！